Frank&Frei

Christian Günther | Werner Reichel (Hg.)

GENDER ISMUS

Der Masterplan für die geschlechtslose Gesellschaft

Frank&Frei

Inhalt

Werner Reichel
Vorwort zur zweiten, erweiterten Auflage _____ 7

Christian Günther und Werner Reichel
Vorwort _____ 9

Birgit Kelle
Einleitung _____ 13

Wolfgang Leisenberg
Der dunkle Schatten der Aufklärung _____ 27

Bettina Röhl
Die hodenlose Gesellschaft
Die Zweigeschlechtlichkeit und das ewige Leben _____ 51

Werner Reichel
Der Genderismus und seine Opfer _____ 105

Eva-Maria Michels
Gender Mainstreaming
– ein gesellschaftliches Umerziehungsprogramm _____ 135

Andreas Unterberger
Die Männer: verunsichert, feige und perspektivenarm _____ 151

Andreas Tögel
Die totale Verwirrung
Die Atomisierung der Gesellschaft reicht nicht _____ 167

Tomas Kubelik
Wie Gendern unsere Sprache verhunzt — 183

Kathrin Nachbaur
Nachwort: Was gute Frauenpolitik ausmacht! — 205

Autoren — 215

Impressum — 227

Werner Reichel
Vorwort
zur zweiten, erweiterten Auflage

Das erste Buch von Frank&Frei, „Genderismus(s) – Der Masterplan für die geschlechtslose Gesellschaft", ist im historischen Sommer 2015 erschienen. Kurze Zeit nach der Veröffentlichung brach in Deutschland und Österreich die von Medien und Politkern an- und aufgeheizte Welcome-Refugees-Euphorie aus. Millionen von jungen Männern strömten aus allen Ecken der Dritten Welt nach Europa. Seither hat sich politisch und gesellschaftlich viel verändert, hat die Zuwanderung andere drängende Probleme überlagert und von der Tagesordnung verdrängt.

Gender Mainstreaming hat trotz oder gerade wegen dieser dramatischen Entwicklungen nichts an Aktualität und Brisanz verloren, zumal Multikulturalismus und Genderismus, bei allen Widersprüchlichkeiten und Inkompatibilitäten, Ausfluss der selben Ideologie sind. Auch Gender Mainstreaming entspringt dem Gleichheitswahn neosozialistischer Gesellschaftsingenieure. Ihnen geht es nicht, wie viele Zeitgenossen nach wie vor glauben, um die Gleichberechtigung zwischen Mann und Frau, sondern um die totale Gleichmacherei, die Zerstörung traditioneller familiärer Strukturen, mit dem Ziel, die Gesellschaft zu atomisieren. Der orientierungs-, traditions-, geschlechts-, besitz- und bindungslose Mensch ist der ideale Untertan. Er ist der neue, der „verbesserte" Mensch, von dem die Sozialisten seit jeher träumen.

Der große Freiheitsdenker Roland Baader: „Genau diese Institution, die Familie, aber ist es, deren Zerstörung auf dem Herrschaftsprogramm des Staates steht, denn je mehr Menschen auf den Staat angewiesen sind, desto größer und mächtiger kann er werden." Nicht freie, selbstbestimmte, kritische und verantwortungsbewusste Bürger sind das Ziel der Genderasten, sondern im Gegenteil, geschlechtlose, infantilisierte und vom Staat abhängige Wesen. Die angepriesene Buntheit, Vielfalt und Offenheit sind nichts anders als die faulen Früchte ewig gestriger linker Ideologen.

Es ist der erneute, noch radikalere, noch wahnwitzigere Versuch der Sozialisten, die Gesellschaft nach ihren Vorstellungen zu formen und zu verändern. Dabei geht man, so wie die geistigen Vorväter der Neosozialisten, ohne Skrupel und mit viel Menschenverachtung vor. Kinder sind für sie nur ideologisches Verschubmaterial. Bereits in Kindergärten, Grund- und Volksschulen werden die Kleinen indoktriniert, sexualisiert und zum gegenderten, politisch korrekten Untertanen abgerichtet.

Seit der ersten Auflage haben die Genderasten weitere Etappensiege errungen. Der Widerstand gegen sie wird zwar größer, das politmediale Establishment lässt sich trotzdem nicht von diesem Kurs abbringen. Umso erfreulicher und wichtiger ist der Erfolg dieses Buches. Die zweite Auflage wurde um einen Text von Andreas Tögel erweitert, der die Hintergründe und Ziele der Gender-Ideologen ausleuchtet und offen legt.

Christian Günther und Werner Reichel
Vorwort

Wissen Sie, was Gender Mainstreaming bedeutet? Können Sie Gender diversity Ihren Freunden erklären? Haben Sie eine Ahnung, was man bei Doing Gender tut oder was bei den Gender Studies erforscht und gelehrt wird? Verstehen Sie bei Gender nur Bahnhof? Das ist keine Schande, denn so wie Ihnen geht es den meisten Ihrer Mitmenschen. Probieren Sie es einfach aus. Fragen Sie ihre Bekannten und Verwandten. Selbst viele Politiker in Brüssel, in den nationalen Parlamenten, auf lokaler Ebene und jene Beamten und Pädagogen, die mit diesen Begriffen hantieren, haben zumeist erstaunlich wenig Ahnung und Hintergrundwissen.

Dafür gibt es gute Gründe. Die Genderisten haben kein besonderes Interesse daran, dass ihre Ziele, Vorstellungen, Pläne und die ihr zugrunde liegende Ideologie ins grelle Licht der Öffentlichkeit gezerrt werden. Wie gut, dass man so viele politisch korrekte Freunde, Gleichgesinnte und von der Politik abhängige Mitläufer in den Mainstream-Medien, im Kunst- und Kulturbetrieb hat.

Und lassen Sie sich nicht damit abspeisen, dass es bei Gender Mainstreaming ohnehin nur um die „Gleichstellung der Geschlechter", also die Gleichberechtigung der Frau geht. Das wäre eine gute und unterstützenswerte Sache, nur, es stimmt schlicht und einfach nicht. Es geht um mehr, um viel mehr. Und darum geht es in diesem Buch.

Etwa, warum und wie viele neue Geschlechter es seit kurzem gibt. Laut Genderlehre existieren nämlich nicht nur Mann und Frau, also zwei, sondern 20, 60 oder 400 Geschlechter. Täglich werden es mehr, und jeder kann jedes Geschlecht jederzeit annehmen. Totale Beliebigkeit, Orientierungslosigkeit und Identitätsverlust inklusive. Zur Auswahl an neuen Geschlechtern stehen etwa Trans* Mann, Butch oder Inter* weiblich. Die Sternchen schauen zwar fröhlich und lustig aus und das Ganze klingt auch irgendwie schräg aber harmlos, ist es aber nicht. Die Genderisten meinen es verdammt ernst. Hinter Regenbogenfahnen und den infantilen, nett und positiv klingenden Begriffen und Phrasen von Buntheit, Vielfalt und „alles ist erlaubt und erwünscht" verstecken sich eine Ideologe und ein Programm mit totalitärem Anspruch.

Die Gender-Apologeten sind weder tolerant noch zimperlich, wenn es darum geht, ihre Vorstellungen von einer besseren und bunteren Gesellschaft ihren Mitmenschen aufzuzwingen. Widerspruch und Kritik werden nicht geduldet und als sexistisch, homophob, faschistisch und rückständig geahndet. Auf dem Weg zum „besseren" Menschen sind einmal mehr die Opfer bereits fest eingeplant. Ob in Österreich, Deutschland oder sonst wo in der EU, überall versucht man bereits die ganz Kleinen in Kindergärten und Pflichtschulen zu indoktrinieren. Wichtiges Instrument ist dabei die Frühsexualisierung. Kaum dass die Kinder laufen können, sollen sie mit allen Formen und Spielarten der menschlichen Sexualität auf möglichst drastische Art und Weise konfrontiert werden. Solcherart überfordert und völlig verunsichert können die von den Genderisten erdachten Rollen und Verhaltensweisen gut in die kleinen Köpfe eingepflanzt werden. Dass es dafür keinerlei demokratische Legitimation gibt, stört weder Genderlobby noch die sich für diese Ideologie ins Zeug legenden Politiker. Wie z.B. Österreichs Bildungsministerin Gabriele

Heinisch-Hosek. Sie verkündet: „Sexualerziehung kann nicht früh genug beginnen." Ob das die Eltern auch so sehen ist ihr völlig egal, sie fragt sie erst gar nicht.

Das hat System. Gender Mainstreaming ist in der Europäischen Union zur politischen Richtlinie erhoben worden, ohne dass die Bürger je darüber abgestimmt hätten. Die Genderisten haben leichtes Spiel, die wenigsten Europäer wissen, was Genderismus ist und welche Ziele er verfolgt. Das vorliegende Buch will einen Beitrag leisten, das zu ändern und die Bürger über diese gefährliche Ideologie informieren, aufklären und all ihre Aspekte und Auswüchse beleuchten, auch jene, die die Genderisten lieber unter der Decke halten würden. Eine lebendige Demokratie braucht gut informierte Wähler und aktive Bürger. Desinformation, Täuschung und Hidden Agendas sind die Instrumente und Strategien ihrer Feinde.

Umso erfreulicher ist es, dass sich gleich mehrere hochkarätige Autoren aus Deutschland, Österreich und Frankreich, die sich mit diesem Thema seit langem kritisch und intensiv beschäftigen, bereitgefunden haben, an diesem so wichtigen Sammelband mitzuwirken. Es ist das erste Buch des neuen Verlages Frank&Frei, der künftig einen Beitrag zur Aufrechterhaltung der in Gefahr befindlichen Demokratie und Meinungsfreiheit in Österreich und Europa leisten will.

Birgit Kelle
Einleitung

Alljährlich wird im beschaulichen deutschen Passau der sogenannte „Fensterl-König" gekürt. Alljährlich bis auf das Jahr 2015, denn heute weiß man dank einer übereifrigen, universitären Gleichstellungsbeauftragten, dass der beliebte Wettkampf auf dem Campus der örtlichen Universität ein Schauspiel schlimmster Frauenfeindlichkeit darstellt und deswegen abgeschafft gehört. Der Sport geht auf den bayrischen Brauch zurück, über die Hauswand das Fenster der Liebsten zu erklimmen, um nachts heimlich bei ihr einzusteigen. Wohlgemerkt mit ihrem Einverständnis. Nun ist es aus mit dem Fensterl-Wettkampf, denn die Gleichstellungsbeauftragte scheint nicht nur wenig Sinn für zwischenmenschliche Fenster-Romantik zu haben, sondern auch einen erheblichen Empörungsmodus.

Sie monierte, die Frau werde dabei „zum Objekt degradiert", und außerdem sei der Wettkampf nicht genderneutral ausgeschrieben worden für alle Geschlechter. Damit ist er absolut genderunsensibel, denn nur die Männer sollten Fensterln, während den Frauen nur die Rolle zugestanden wurde, wie Rapunzel im Turm zu warten. Tatenlos. Welch emanzipatorische Schmach! Wenn aber Frauen nicht fensterln dürfen, dann sollen es Männer auch nicht tun. Willkommen in der gendersensiblen Welt von heute.

Sicher ist der abgesagte Fensterl-Wettkampf der Uni Passau nur eine kleine Randnotiz im weltweiten Geschehen, leider aber Ausdruck eines grassierenden Symptoms und ein hervorragendes Beispiel dafür, wie sich falsch verstandene und schlecht gemachte Gleichstellungspolitik unter dem Label „Gender Mainstreaming" gerade ihre Wege bis in die privatesten Bereiche und selbst in Brauchtum und Sportveranstaltungen bahnt.

Noch scheint das europäische Gender Institut EIGE sich wenig mit absurden Sportarten in Europa befasst zu haben, sonst wäre das sogenannte „Wife Carrying", das bereits als Weltmeisterschaft ausgetragen wird, und sich sowohl in Österreich als auch in Deutschland begeisterter Fans erfreut, längst verboten. In Anlehnung an die Legende von dem üblen Räuber Herkko Rosvo-Rinkainen, der im 19. Jahrhundert in den umliegenden Dörfern Frauen entführt haben soll, schleppen bis heute Männer eine Frau durch einen Parcours aus Rasen-, Kies-, Sandstücken und auch Wassergräben. Besonders beliebt ist dabei die Technik, bei der die Frau kopfüber am Rücken des Mannes hängt. Es gewinnt das schnellste Paar, aber auch die unterhaltsamsten und die am hübschesten kostümierten Paare bekommen einen Preis. Verschleppte Frauen! Das ist derart frauenfeindlich, sexistisch und damit genderunsensibel, man hört schon erneut den Aufschrei durch die sozialen Netzwerke hallen! Die Frau wird zum Objekt degradiert, auf dem Rücken kopfüber durch Wassergräben geschleift von Männern, womöglich noch zum anschließenden Geschlechtsverkehr, oder schlimmerem, vielleicht der Ehe. Wenn wenigstens parallel auch Frauen Männer schleppen würden, sozusagen als „Husband Carrying", könnte man vielleicht noch einen gendersensiblen Sport daraus konstruieren. Oder wenn auch gleichgeschlechtliche Paare zum Zug kämen. Aber so besteht wenig Hoffnung für die Zukunft dieses Sports, wenn er erst einmal auf dem Radar eifriger Gender-Beauftragter auftaucht.

Gut, dass das EU-Genderinstitut seinen Sitz im littauischen Vilnius hat, von da ist es weit bis zur Gartenanlage des Schlosses Mirabell in Salzburg. Dort befinden sich mehrere überlebensgroße Plastiken aus der Barockzeit, die mythische Gestalten beim Tragen halbnackter Frauen zeigen. Nachdem die Sprache, angeblich sexistische Wahlplakate und selbst die Bibel bereits gendersensibel dran glauben mussten, wird es nicht mehr lange dauern, bis die sexistische Darstellung von Frauen in der antiken Kunst verhüllt werden muss.

Man wartet förmlich darauf, dass die Fußballweltmeisterschaft wegen der Geschlechtergerechtigkeit mit geschlechtsgemischten Teams ausgetragen werden muss, inklusive Unisex-Umkleidekabinen. In Katar könnte das noch zu politischen Verwerfungen führen. Wenn erst die Olympischen Spiele endlich gendersensibel stattfinden, müssen die Männer vermutlich aus Gleichstellungsgründen auch zur rhythmischen Sportgymnastik antreten und für Transgender- und Queer-Geschlechter wird ein eigener Wettkampf ausgerufen, der dann von Conchita Wurst eröffnet wird. Prämiert wird nicht nur Leistung, sondern auch das hübscheste Sport-Make-up in der B-Note.

Geschlechtervielfalt ist das Schlagwort der Stunde. Es ist das neue Gespenst, das in ganz Europa umgeht, und sich unter dem Label „Gender Mainstreaming" durch Verwaltungen wühlt, Universitäten kapert, die deutsche Sprache ruiniert, den Schulunterricht, Schulbücher, Kirchen, Unternehmen, Universitäten, Stiftungen, Vereine und selbst Bauvorschriften, Kinderspielplätze und Straßenverkehrsordnungen erobert. In jedem Fall aber immer Steuer-Budgets auffrisst. „Gender Mainstreaming", es ist das Zauberwort für das Öffnen des Steuersäckels und eine unendlich große Wunschtüte, in die gerade jeder das reinpackt, was er so unter „Geschlechterpolitik",

„Geschlechtervielfalt" oder auch „Geschlechterdiskriminierung" versteht. Praktischer Weise versteht nahezu jeder in diesem Metier etwas anderes darunter, deswegen ergibt sich daraus eine nahezu unendliche Gleichstellungspolitik, die Probleme sieht, wo keine sind, und Probleme schafft, wo vorher keine waren.

Wie viel Geld dafür ausgegeben wird, ist jetzt schon schwer zu beziffern. Zumindest auf EU-Ebene schwirrt die Zahl 3,56 Milliarden Euro durch den Raum. So viel wurde zwischen 2007 und 2013 für Projekte im Sinne der „Geschlechter-Gerechtigkeit" ausgegeben. Die Summe ist vermutlich kleingerechnet, denn sie stammt von eifrigen Feministinnen auf EU-Ebene, die sich beschweren wollten, es sei viel zu wenig. So viel Gender-Ungerechtigkeit sei noch zu beheben. Wer keine Probleme sieht, dem fehlt es eben nur an Gender-Kompetenz, und die kann man inzwischen an manchen Universitäten auch mit Zertifikat erwerben. Was man dann anschließend weiß, oder mehr kann als andere, bleibt zwar ein Rätsel der sogenannten „Gender Studies", sicher ist nur, dass durch die regenbogenfarbene Brille der Gender-Industrie offenbar Problemfelder entdeckt werden können, die weiten Teilen der Weltbevölkerung verborgen bleiben.

Probleme zu schaffen ist für die wachsende Gender-Industrie dabei überlebenswichtig. Wohin auch mit den inzwischen über 200 Gender Studies-Lehrstühlen im deutschsprachigen Raum, den Tausenden von Gender-Beauftragten in ganz Europa, den Instituten und Gender-Experten mit ihrer „Gender-Kompetenz", wenn es gar keine Geschlechter-Ungerechtigkeit mehr gibt? Die tatsächliche Lösung der Geschlechter-Frage erweist sich somit als Worst-Case-Szenario für den lukrativen Gender-Betrieb, und sein Milliardengeschäft entpuppt sich als Systemfehler: Bei Erfolg droht Arbeitslosigkeit. Und deswegen muss es Probleme geben, immer weitere Ungerechtigkeiten, Diskriminierungen und Empörungen, um das Budget für den nächsten Jahresetat zu sichern.

Hatte sich die Gender-Bewegung in ihren Anfängen noch auf die Frau konzentriert, ist man angesichts der rechtlichen Gleichstellung von Frauen längst weiter. Wenn die Frau nicht mehr unterdrückt ist, dann eben der Schwule. Und wenn ein prominentes Coming-Out nur noch ein Gähnen beim ermüdeten Publikum hervorruft, dann sind eben die Transgender-Menschen benachteiligt. Da selbst das angesichts einer gesamteuropäischen Conchita-Wurst-Euphorie nicht mehr wirklich als Opfermodus taugt, finden sich in der neuen Geschlechtervielfalt immer neue Opfergruppen, die noch gar nicht wussten, dass sie Opfer sind, die man aber retten will. Reicht das noch nicht aus, um die eigene Existenzberechtigung als Gender-Forscher_*In nachzuweisen, und der Frage aus dem Weg zu gehen, was man a) den ganzen Tag tut und ob man b) in den letzten Jahren irgendein verwertbares oder gar nützliches Forschungsergebnis produziert hat, dann hilft am Ende immer noch die intersektionale Genderforschung. Diese befasst sich mit Mehrfachdiskriminierungen und deren Querverbindungen. Schließlich kann ich nicht nur als Frau, sondern möglicherweise auch durch meinen Migrationshintergrund oder andere Minderheiten-Beteiligungen Diskriminierungen ausgesetzt sein. Große Chancen hat also die bisexuelle Trans-Frau mit Migrationshintergrund, dunkler Hautfarbe und körperlicher Behinderung als Forschungsobjekt. Ist sie dann noch alt, erhält sie automatisch ein Topranking auf der sich ständig erweiternden Opferskala.

Alter scheint nämlich inzwischen auch ein Fall von Geschlechtervielfalt zu sein, glaubt man zumindest den Wiener Verkehrsbehörden, die den seniorengerechten Straßenbau bereits in die Abteilung

„Gender" verschoben und auch die Frage des richtigen Straßenbelages in Fußgängerzonen zum Gender-Problem erklärt haben. In Berlin, mit drei Dutzend Gender-Lehrstühlen und öffentlichen Unisex-Toiletten für geschlechtlich Unentschlossene das Gender-Mekka Deutschlands, fand sich tatsächlich eine Abgeordnete der Grünen, die auch dicke Frauen unter besonderen Diskriminierungs-Schutz stellen wollte, und eine Pummelchen-Quote bei Schönheitswettbewerben forderte. Wir wissen nicht, was Heidi Klum dazu sagt. Noch wissen wir auch nicht, ob Rothaarige als Minderheit demnächst ebenfalls ein eigenes Geschlecht darstellen, aber zumindest diskutiert man in Berlin bereits extra Badezeiten für Transsexuelle in öffentlichen Schwimmbädern. Sicher das drängendste Problem der deutschen Hauptstadt.

Allein schon die Verwendung des Wortes „Geschlechtervielfalt" bei all diesen Debatten ist jedoch bereits die erste Irreführung, der Viele unterliegen. Denn wer oder was neuerdings alles ein eigenes „Geschlecht" darstellt, ist auf der Skala nach oben offen. Je nachdem welchen „Gender-Experten" man befragt, ist die Zahl gar nicht mehr definiert. Zwei, vier, 60 oder 4.000 Geschlechter, ganz egal. Je länger man forscht, umso mehr Geschlechter tauchen auf. Wer sich nicht auskennt, läuft ständig Gefahr, ein Geschlecht zu diskriminieren, weil er ja von dessen Existenz gar nichts wusste. Engagierte Nutzer der sozialen Internetplattform Facebook wissen, es gibt zumindest 60 Geschlechter.

Sieht man sich die Liste an, fragt man sich, was genau daran ein Geschlecht sein soll: Schwul, lesbisch, transsexuell, bisexuelle, queer, Butch, Femme, Transgender, Trans-Mann, Trans-Frau, Cis-Frau, Cis-Mann, weder-noch oder auch Zwitter, um nur einige zu nennen. Wem es nicht reicht, der macht einfach ein neues Geschlecht auf. Definiert sich selbst in einem ganz neuen Geschlechtszustand. Am Ende bleibt man natürlich trotzdem Mann oder Frau. Sind doch die neuen „Geschlechter" nichts anderes als diverse sexuelle Orientierungen. Denn natürlich ist auch der schwule Mann am Ende des Tages immer noch ein Mann, genauso wie die Lesbe, die Femme, die Butch und die Cis-Frau immer noch eine Frau sind und nichts als eine Frau.

Definiert wird als „Geschlecht" also, wer es gerne mit wem oder wie und in welchen Kleidern tun würde. Eine Information, die in Single-Börsen im Internet sicher von Relevanz ist, neuerdings aber auch als „sexuelle Vielfalt" Unterrichtsstoff für Grundschüler in ganz Europa sein soll. Gerade erst verabschiedete das EU-Parlament in Brüssel im Juni 2015 die Entschließung der deutschen SPD-Abgeordneten Noichl für die Gleichstellung von Frauen und Männern nach 2015. Darin ist neben anderen Unsinnigkeiten auch enthalten, dass Ehe und Mutterschaft gesundheitsgefährdend seien, dass Bildungseinrichtungen kein Material mehr verwenden sollen, in denen ein klares Bild von Jungen und Mädchen vermittelt wird, ein Adoptionsrecht für homo-, inter-, trans- und bisexuelle Menschen und die Aufforderung an die EU-Kommission, Sexualerziehungsprogramme an allen europäischen Schulen durchzuführen, damit sexuelle Vielfalt endlich flächendeckend als Unterrichtsstoff sichergestellt ist und Schüler auch ohne elterliches Einverständnis Zugang zu Abtreibung und Verhütungsmitteln haben. Man sollte es also nicht für Zufall halten, dass derzeit parallel in Frankreich, Deutschland, Österreich und der Schweiz vor allem durch grüne und linke Politiker massive Vorstöße stattfinden, die Akzeptanz sexueller Vielfalt in die Bildungspläne aller pädagogischen Einrichtungen einzupflegen. Wer den gendersensiblen und geschlechtsneutralen Menschen schaffen will, muss eben bei den Jüngsten anfangen und am besten dort, wo Eltern nichts mitzureden haben.

Wir haben also die Biologie durch Sex ersetzt. Das ist insofern konsequent, als das englische Wort „Gender" ja ebenfalls als sogenanntes „soziales Geschlecht" das Wort „sex", das biologische Geschlecht, verdrängt hat. Die Biologie ist der ärgste Feind der Gender-Theorien, weil sie sich immer noch allein durch Mann und Frau fortpflanzt, und gar nicht weiß, dass die Gender-Forschung und eine Armada an Soziologen heute schon viel weiter gedacht hat und dabei ist, unser „Geschlecht" zu „dekonstruieren". Zumindest theoretisch, denn praktisch ändert sich ja nichts. Ich kann einen Apfel zwar Birne nennen, er bleibt aber ein Apfel.

Feindbild sind auch Religionen wie das Christentum, das sich auf einen Gott beruft, der es wagte nur Mann und Frau zu schaffen und im Himmel die Frauenquote mit Vater, Sohn und Heiligem Geist bei Null verharren ließ. Längst ist deswegen die evangelische Kirche unterwandert von eifrigen „Gender-Theologinnen", die in Deutschland bereits ein eigenes Gender-Zentrum unter dem Dach der Evangelischen Kirche besitzen. Die Bibel haben die Damen längst in einer Version in „gerechter Sprache" uminterpretiert. Jesus hat nun auch Jüngerinnen und in der Genesis wird nicht nur Mann und Frau, sondern eine Vielfalt an Geschlechtern geschaffen. Die christlichen Kirchen zu kapern ist für die Gender-Bewegung insofern konsequent, handelt es sich doch bei Gender Mainstreaming um eine Art Ersatzreligion, die man entweder glaubt – oder eben nicht. Bewiesen hat diese sogenannte Wissenschaft nämlich bis heute niemand, man ist eher auf Mission, um die Gender-Gerechtigkeit bis in den letzten Winkel der Erde zu tragen – gerne auch als Exportschlager in die Dritte Welt im Zuge von Entwicklungshilfe.

Im Februar 2015 fand im Kalifornischen San Jose eine internationale Biologenkonferenz statt, die sich regelmäßig mit den neuesten Erkenntnissen der Evolutionswissenschaften befasst. Dort waren sich die versammelten, renommierten Wissenschaftler einig, dass die sogenannten „Gender Studies", die sich derzeit vor allem in Europa bereits mit über 200 Lehrstühlen ausgebreitet haben, etwa das gleiche wissenschaftliche Niveau hätten wie der „Kreationismus". So nennt man die Theorie ultrakonservativer, christlicher Gruppierungen, die die Evolutionsgeschichte der Menschheit anzweifeln und stattdessen Stein und Bein schwören, Gott habe die Welt in genau sieben Tagen geschaffen. Anstatt aber die Gender-Kreationisten endlich aus den Universitäten zu werfen, statten unsere Regierungen sie mit immer neuen Kompetenzen und Budgets aus.

Die Biologie, die Natur, oder gar das Geschaffensein als Mann und Frau mit der Fähigkeit, sich fortzupflanzen, es muss ein echtes Gräuel sein für diese Leute, die doch allen Ernstes glauben, sich selbst von ihrem biologischen Geschlecht emanzipieren zu können, um sich als Mensch ganz neu zu erfinden. Frei von den Fesseln der Moral, Kultur, Religion hat man sich auf den Weg gemacht, die Masse der Unwissenden, also vermutlich auch den geschätzten Leser und mich, aus unserer selbstgewählten Unmündigkeit zu befreien. Denn klar ist auch: Wer sich als Frau, oder Angehöriger anderer potentieller Opfergruppen gar nicht als Opfer fühlt, ist nicht etwa schlicht und ergreifend glücklich, sondern nur gefangen in seinem stereotypen Rollenbild und muss erst noch vom eigenen Opferstatus überzeugt werden. Wieder ein Gender-Budget auf Jahre sicher. Danach muss uns natürlich aus der sogenannten „Zwangsheteronormalität" herausgeholfen werden. Denn wer sein Geschlecht einfach anhand eines Badezimmerspiegels bestimmen kann, erliegt nur dem angeblichen Irrglauben, die Welt inklusive Menschheit und Tierreich sei tatsächlich in der Mehrheit heterosexuell. Also muss die „Entnaturalisierung", die „Verwirrung" von Geschlechtern her – solche Begriffe finden sich in den entsprechenden Studiengängen und pädagogischen Schriften für den modernen Sexualkundeunterricht von heute.

Einfacher gesagt: Wäre die Mehrheit der Weltbevölkerung nicht so klar heterosexuell, kämen sich alle anderen sexuellen Orientierungen nicht mehr länger als Minderheit vor und die heterosexuelle Normalität wäre gebrochen. Die Mehrheit soll sich also verändern, damit sich die Minderheit nicht länger als solche fühlt. Denn wenn die Theorie nicht zum Volk passt, gibt es nur zwei Optionen: Entweder man ändert die Theorie, oder das Volk. Gender Mainstreaming hat sich für den zweiten Weg entschieden.

Dummerweise kommt die Mehrheit der Weltbevölkerung ganz gut zurecht in der „Zwangsheteronormativität" und sieht darin gar kein Problem. Der Gender-Experte muss also früh ansetzen, um uns a) klar zu machen, dass wir Opfer sind, die befreit werden müssen, oder b) Täter, die ständig andere unterdrücken durch ihre reine Existenz.

Umsetzungsinstrumente dieses „queeren" Denkens sind neben dem Einfügen dieser neuen, „sexuellen Vielfalt" in die Bildungspläne unserer Kinder in Kindergärten und Schulen auch das „Gendern" unserer Sprache. Manche Medien schreiben bereits mit allerlei Sternchen und Unterstrichen, damit Redakteur_*Innen bloß kein Geschlecht in der Sprache diskriminieren. Sterne und Striche stehen dann für die „sexuelle Vielfalt". Universitäten, wie die Humboldt in Berlin haben sich gar ganze Neudeklinationen ausgedacht, damit nicht nur der Bäcker und die Bäckerin, sondern auch der transsexuelle „Bäckerx" oder „Bäcka" sprachlich sichtbar werden. Hier stehen A und X dann für die Vielfalt - oder auch für das völlige

Durchdrehen einer selbsternannten Gender-Sprachpolizei, die hinter jeder grammatikalischen Deutschregel Diskriminierung wittert. Zahlreiche Universitäten fordern die gegenderte Sprache bereits in Semesterarbeiten ihrer Studenten ein, die jetzt gendersensibel „Studierende" heißen, auch wenn sie gerade faul in der Sonne sitzen und gar nichts tun. Studentenwerke werden für viel Geld in „Studierendenwerke" umbenannt. Nicht weil sich auch nur eine Studentin sprachlich benachteiligt vorkam, sondern aus Prinzip.

Eine rechtliche Grundlage gibt es dafür freilich nicht. Wer hätte auch die Kompetenz, eigenmächtig zu entscheiden, dass ein ganzer Sprachraum seine Muttersprache verändern soll? Doch wenn niemand widerspricht, dringt die Gender-Front immer weiter vor, zum Beispiel in Form von übereifrigen Professor_*Innen oder auch „Profx", die ihre Studenten mit gendersensiblem Sprechen und Schreiben quälen und bei Verweigerung mit schlechten Noten drohen. Höhepunkt bildete in Deutschland die Universität Leipzig, die im Jahr 2014 den grammatikalischen Plural der Professoren im Haus per Abstimmung in „Professorinnen" änderte. Seither ist die Frauenquote an der Uni Leipzig schlagartig auf 100 Prozent „Professorinnen" angestiegen, manche von diesen besitzen aber einen Penis, jedoch keinen Frauenparkplatz. Sicher wird das irgendwann auch noch ein eigenes „Geschlecht".

An Österreichs Schulen und Universitäten herrscht derweil Willkür, obwohl die Forderung nach einem verbindlichen Gendern der Sprache mittels einer Ö-Norm gescheitert war. Mancherorts werden Bachelor-Arbeiten nicht angenommen oder zurückgewiesen, wenn nicht gegendert, anderswo gibt es Punkteabzug. Selbst Abiturienten werden angewiesen, nicht mehr von Lehrern, sondern von „Lehrkörpern" zu sprechen.

Im nächsten Schritt drohen die Ministerien den Wahnsinn umzusetzen. Das deutsche Verkehrsministerium ist da Vorreiter, um nicht zu sagen „Vorreiterin". Radfahrer und Fußgänger sind auf deutschen Straßen abgeschafft, stattdessen kreuzen nun „Radfahrende" und „Zufußgehende" unsere Wege, auch dann wenn sie gerade nicht gehen, sondern zufußgehend an der Ampel stehen. Was schert den politisch korrekten Gender-Experten die deutsche Grammatik, wenn es doch gilt Diskriminierungen vorzubeugen? Gegendert werden auch Fußgängerampeln, wie zuletzt in Wien, damit endlich auch Schwule und Lesben sicher die Straße mit entsprechenden Ampelsignalen überqueren können, Berlin will nachziehen, Köln ebenfalls. Tolerante Ampeln reichen jedoch nicht, deswegen sollen nach Willen der Grünen nun regenbogenfarbene Zebrastreifen dem toleranten und gendersensiblen Mitbürger den Weg über die Straße weisen. Willkommen im Irrenhaus Europa.

Wer nicht mitzieht in den gendersensiblen Sonnenuntergang inklusive Regenbogenfahne, gilt heute automatisch als „homophob". Gern auch „transphob", auf jeden Fall als verstockt konservativ, oder gar als fundamentalistischer Christ und zumindest latent auch als Rassist. Damit ist er nur noch einen Schritt entfern vom Nazi und Faschisten. Denn das weiß man ja: Wer Feminismus kritisiert, ist suspekt. Wer sich gegen den Gender-Wahnsinn ausspricht, hat sicher auch was gegen Ausländer und andere Minderheiten, fehlt nur noch der Vorwurf, Gender-Gegner würden Katzen quälen und kleine Kinder essen, dann wäre die konstruierte Kausalkette komplett.

Auf europäischer Ebene werden Antifeminismus, Homophobie, Transphobie und Rassismus längst auf eine Stufe gestellt. Wer gegen Frauenquoten ist: Ein Antifeminist! Wer an der Ehe von Mann und Frau festhalten will: homophob! Heute muss man für die Ehe für alle sein. Wie viele und wer das dann alles noch Ehe sein wird, werden wir noch sehen, wenn die Dämme erst einmal gebrochen sind. Ein Kind sollte Vater und Mutter haben? Biologist! Ist doch egal, wer ein Kind großzieht, oder wie viele es tun. Elternschaft ist auch nur noch eine soziale Konstruktion. Jede Beziehung, jede Familienform, jede Konstellation menschlichen Zusammenlebens, alles soll gleich gut, gleich schön und vor allem: „akzeptiert" sein.

Doch es besteht auch Hoffnung, dass sich der gesunde Menschenverstand noch nicht ganz erledigt hat. Widerstand regt sich in ganz Europa. Das Gender-Vorzeigeland Norwegen hat, ausgelöst durch die Dokumentation eines Komikers vor zwei Jahren, sein Gender-Budget massiv eindampfen müssen. Wenn die Bevölkerung erst einmal realisiert, was für Schwachsinn mit ihren Steuergeldern finanziert wird, ist es aus mit der viel zitierten Toleranz. In Frankreich boykottieren Eltern den Sexualkundeunterricht für ihre Kinder, in Deutschland ziehen Tausende bei Demonstrationen gegen sexuell vielfältige Bildungspläne durch die Straßen. In Österreich verhinderte ein viel unterzeichneter öffentlicher Brief gegen den Frauenförderplan, dass gegenderte Sprache verbindlich als ÖNORM eingeführt wird. Was noch fehlt, ist der zivile Ungehorsam jedes Einzelnen. Denn Gender Mainstreaming hat keine demokratische Legitimation. Oder sind Sie jemals gefragt worden, ob Sie dieses flächendeckende Umerziehungsprogramm für gut befinden? Es ist uns von oben nach unten durchgereicht worden, von der UN- auf die EU- bis auf die Nationalstaatsebene. Demokratie geht anders. Stell dir vor, es wird gegendert, und keiner macht mit. Wir brauchen mehr Andreas Gabaliers, die ihre Hymne einfach so singen, wie sie gemeint war und nicht in Versionen, die politisch korrekt sind. Gut, es werden ein paar chronisch beleidigte Feministinnen auf der Strecke bleiben. Aber das könnte ich persönlich verschmerzen, denn im Gegenzug verjagen wir dieses Gespenst wieder aus Europa.

Wolfgang Leisenberg
Der dunkle Schatten der Aufklärung

1. Die Bibel – Basis der wissenschaftlichen Wahrheit

Warum entstand die Wissenschaft ausgerechnet im kulturell rückständigen Europa am Ende des Mittelalters? Und nicht in Indien oder China, die kulturell viel höher standen? Obwohl die Natur sehr genau beobachtet wurde, hat dort niemand versucht, sie mathematisch zu beschreiben. Der Grund ist, dass unser Weltbild vorgibt, wie man sich Realität vorzustellen hat. Dem Weltbild, der Realitätswahrnehmung eines Volkes liegen die in seiner Kultur gewachsenen Grundlagen und Grundwerte zugrunde. Diese können im naturwissenschaftlichen Sinne durchaus „falsch" sein, aber „der Mensch braucht einen Rahmen der Orientierung um zu überleben. Selbst wenn unser Weltbild falsch ist, erfüllt es seine psychologische Funktion".[1]

So war für den indischen Pantheismus die Natur der „Tanz Gottes": Unvorhersagbar und nicht in mathematische Gesetze zu fassen. Auch die Chinesen entwickelten niemals Wissenschaft, „weil sie nicht glaubten, dass Wissenschaft überhaupt möglich war."[2] Das ist keineswegs überraschend. „Sie finden es merkwürdig, dass ich die Begreiflichkeit der Welt als Wunder oder ewiges Geheimnis empfinde? Der Erfolg der Wissenschaft setzt eine hochgradige Ordnung der objektiven Welt voraus, die a priori zu erwarten man keinerlei Berechtigung hatte"[3] schrieb Albert Einstein an einen Bekannten.

Die Basis aller Kulturen ist ihre Religion. Für Max Planck besteht ein entscheidender Unterschied zwischen der christlichen und anderen Religionen darin, „dass der Gott der Bibel sich als Vernunftwesen zu erkennen gibt, der diese Welt vernünftig und durch die Vernunft erkennbar geschaffen hat." [4] Ohne diese Grundannahme wäre jeder Versuch, die Natur mathematisch beschreiben zu wollen, von vornherein aussichtslos gewesen. So ist Max Plancks Schlussfolgerung: „Wissenschaft und Glaube sind also keine Gegensätze; sie ergänzen und bedingen einander." [5]

Der Lordkanzler und Bischof von Lincoln, Francis Bacon (1561-1626) stellte als einer der Ersten differenzierte Experimente an und protokollierte sie. Seine Begründung dafür war das Wort Gottes: „Unser Heiland sagte: Ihr irrt, weil ihr weder die Schrift noch die Kraft Gottes kennt: Vor uns liegen zwei Bücher, die wir studieren müssen, wenn wir diesen Irrtum vermeiden wollen. Das erste ist die Bibel, die uns Gottes Absichten offenbart.… Das zweite ist die Schöpfung …die uns an seine Allmacht glauben lässt weil sie sich gerade in der Natur zeigt." [6] Francis Bacon und sein Zeitgenosse Galileo Galilei gelten als die „Erfinder" der wissenschaftlichen Methode. Galilei stimmte mit der Sicht Francis Bacons völlig überein. So schrieb er an die Großherzogin der Toscana: „Die Bibel und die Naturphänomene entstammen gleichermaßen dem göttlichen Wort. Die Bibel als Eingabe des Heiligen Geistes und die Natur als die Ausführung der göttlichen Befehle." [7]

Bis dahin hatte im Abendland 1500 Jahre lang die Naturphilosophie von Aristoteles das Denken bestimmt. Nach seiner Sicht konnte man Wahrheit nur aus dem reinen Denken gewinnen, und kein irdischer Gegenbeweis konnte daran etwas ändern. So überprüften die Naturphilosophen nie die Aussagen ihres Lehrers und lehnten denn auch die experimentellen Erkenntnisse Galileis ab. Er machte in ihren Augen noch dazu den gravierenden Fehler, dass er induktiv vom einzelnen Experiment auf das ganze Naturgesetz schloss. Erst als Isaac Newton die damals bekannte Physik in ein System brachte, aus dem sich die einzelnen Gesetze deduktiv ableiten ließen, wurde die neue Methode – auch wegen der offensichtlichen Richtigkeit ihrer Aussagen - von der Philosophie akzeptiert. „Als Galilei seine Kugeln die schiefe Ebene herunterrollen ließ, so ging allen Naturforschern ein Licht auf: Die Natur, das Experiment ist der Richter über seine Entwürfe der Vernunft." [8] Damit war Aristoteles' Naturphilosophie endgültig überwunden.

2. Eine gottvergessene Wissenschaft mutiert zur Ideologie

Aber nun fiel die Philosophie von der anderen Seite vom Pferd: Nachdem transzendente Wahrheiten nicht experimentell überprüfbar waren, konnte auch der Glaube nicht mehr die Basis sicherer Erkenntnis sein. Glaube war nun „nichts Genaues weiß man nicht". Mit Charles Darwins Evolutionslehre schien dann auch die Schöpfungsgeschichte unhaltbar und damit die Bibel wissenschaftlich widerlegt zu sein. Für viele Intellektuelle wie Friedrich Nietzsche war damit der „Tod Gottes" eingetreten: Der christliche Glaube war unglaubwürdig geworden. Europa begann, sich von seinen christlichen Wurzeln zu verabschieden.

Um die Naturphänomene mathematisch zu beschreiben, brauchte man Gott in der Tat nicht. So kommt er in der Physik auch nicht vor. Aber nachdem sich jetzt die Natur sehr gut ohne Gott beschreiben und erklären ließ, wurde aus dem methodischen ein metaphysischer Atheismus. Das macht das Statement eines renommierten Harvard-Professors deutlich: „Wir haben Wissenschaftstheorien geschaffen, die rein materielle Erklärungen produzieren - egal wie sehr diese Erklärungen dem gesunden Menschenverstand widersprechen. Unser Materialismus ist absolut, denn wir können keinen göttlichen Fuß in der Tür zulassen." [9] Ein wissenschaftlich bemäntelter Atheismus beherrscht seitdem die Universitäten mit dem Dogma, dass Gott in der Wissenschaft nichts mehr zu suchen hätte.

Die materialistische Interpretation der Natur aus dem 17. Jahrhundert wurde zur „wissenschaftlichen Weltanschauung" des Materialismus. So wurde die Wissenschaft, ursprünglich eine Befreiung von Weltanschauungen und Autoritäten, selbst zu einer Weltanschauung. Sie nahm immer mehr den Platz einer nicht hinterfragbaren Religion ein, wie es der Informationswissenschaftler Joseph Weizenbaum deutlich macht: „Wir gründeten eine neue, moderne Religion und die dazugehörigen Kathedralen und Bischöfe. Meine eigene Universität, das MIT ist eine solche Kathedrale - ich meine hier die moderne Wissenschaft, die wir zur Religion, ja zum Götzen erhoben haben." [10]

Unser „modernes" Weltbild wird immer noch von physikalischen Grundpfeilern gestützt, die längst überholt sind. Das gilt insbesondere auch für die Biologie: „Tonangebende Theoretiker unserer Zeit betrachten Lebewesen noch immer als „Maschinen". [11] „Das reiche Repertoire an Gedanken, Gefühlen... scheint sich aus elektrochemischen Prozessen zu speisen." [12] Daraus entwickelte sich ein Menschenbild, das dem Menschen keinerlei geistige oder gar spirituelle Dimensionen mehr zugesteht. Er hatte nur noch Triebe und elementare Bedürfnisse. Das „Lustprinzip" war das einzige, was darüber hinausging.

3. Milieutheorie und Konstruktivismus – Irrwege zum „neuen Menschen"

Jede Weltanschauung hat einen Ur-Mythos. Für die Agnostiker steuerte Jean Jaques Rousseau die Idee einer Urgesellschaft bei, die im Einklang mit der Natur und in völliger Harmonie existierte. Erst die Zivilisation, die notwendig geworden war um das Privateigentum zu schützen, habe die Harmonie zerstört und den ursprünglich guten Menschen verdorben. Diese Geschichte war zwar frei erfunden, hatte aber weitreichende Folgen. „Wenn die Unvollkommenheit des Erdenbewohners nicht angeboren ist, sondern sozial bedingt, dann kann der Mensch durch richtige Politik auch wieder werden, was er eigentlich ist: Ein vollkommenes Wesen." [13]

Seit Rousseau war es denkbar, dass der Mensch den Urzustand wieder herbeiführen konnte. Die daraus abgeleitete Milieutheorie, nach der „das gesellschaftliche Sein das Bewusstsein bestimmte" [14] führte zur Anthropologie des Sozialismus, die Gerhard Szczesny in seinem Buch „Das sogenannte Gute" auf den Punkt brachte: „Die Natur ist Natur nur bis zum Menschen. Seine Natur ist es, keine zu haben". Nachdem der Mensch vollständig durch sein gesellschaftliches Umfeld geprägt wird, bekam die Erziehung eine zentrale Bedeutung. „Wir (die Linken) glauben fest daran, dass alle Phänomene der menschlichen Existenz am Ende auf Erziehung beruhen, auf nichts aber gar nichts anderem." [15]

Der Konstruktivismus war die logische Folge dieses Menschenbildes. Der Mensch, so Jean-Paul Sartre, muss sich selbst zu dem machen, was er ist. Damit schafft er auch seine soziale Umwelt. Ehe, Familie, Nationen und ethische Normen sind folglich menschengemacht, „konstruiert", und können genauso gut wieder „de-konstruiert" werden. Sartres Lebensgefährtin, die Feministin Simone de Beauvoir, weitete den Konstruktivismus auf die Biologie aus. Mit ihrem berühmten Satz: „Man wird nicht als Frau geboren, sondern man wird zur Frau gemacht" [16] entstand die Idee vom „sozialen" Geschlecht.

„Wenn aber auch das Geschlecht nur ein Lernprogramm ist, dann kann man es auch umschreiben." [17] Damit konnte nun endlich auch die von Friedrich Engels beschriebene Ur-Unterdrückung des weiblichen durch das männliche Geschlecht eliminiert werden. Dazu mussten alle gewohnten Sichtweisen über Frau und Mann als ideologisch aufgelöst werden: „Es gibt kein biologisches Geschlecht (sex), sondern nur noch ein sozial und kulturell zugeschriebenes Geschlecht (gender).[18] Das biologische Geschlecht, die Biologie, war irrelevant geworden für den postmodernen Menschen.

Diese Idee, vertreten von der Linguistik-Professorin Judith Butler wurde für die gesamte EU übernommen und wird als „Gender Mainstreaming" in allen Ländern umgesetzt. So heißt es amtlich: „Gender umschreibt das soziale Geschlecht. Alle tradierten Geschlechterbilder („Gender") sind demnach eine Rollenzuschreibung von außen." [19] Ganz nebenbei wird die seit Jahrtausenden in allen Kulturen selbstverständliche Vorstellung von Mann und Frau als „von außen aufgezwungen" deklariert. Aus der Sicht von B. F. Skinner war durch moderne Erziehungsmethoden auch eine vollständige „Neuprogrammierung des Menschen" möglich: „Nach behavioristischer Auffassung kann der Mensch jetzt sein eigenes Schicksal kontrollieren: Er weiß, was getan werden muss, und wie es zu tun ist."[20] Und es wird von der Politik über „modernisierte" Bildungspläne systematisch umgesetzt.

Wie bei allen sozialistischen Gesellschaftsentwürfen greift das Ziel hoch hinaus: „Es will nicht weniger als den neuen Menschen schaffen, und zwar durch die Zerstörung der „traditionellen" Geschlechterrollen." [21] Für Martine Rothblatt, ursprünglich männlichen Geschlechts, ist die neue Gender-Welt der Inbegriff von Freiheit und Selbstbestimmung: „Wir werden eine Kultur von nie dagewesener Kreativität bezüglich persönlicher Entwicklungsmöglichkeiten schaffen. Aus der Apartheid der Geschlechter entsteht die Freiheit der Gender."[22]

Allerdings stehen dieser neuen Welt die Erkenntnisse der empirischen Wissenschaft, insbesondere der Hirnforschung, entgegen. „Es gibt zahlreiche prägende neurophysiologische Unterschiede zwischen den Geschlechtern. Diese sind weder durch Erziehung noch durch sozio-kulturelle Veränderungsbestrebungen … beeinflussbar."[23] Selbst die kanadische Feministin und Neuropsychologin Louann Brizendine sieht hier unüberwindliche Probleme: „Wir müssen uns von diesem Unisex-Gedanken verabschieden. Männer und Frauen sind verschieden, das belegen eine Vielzahl von Studien." [24] Aber das ficht die Gender-FeministInnen nicht an. Jede Kritik an der Gender-Theorie wird eingeordnet als „Teil der antifeministischen Bewegung. Bis heute wird mit diesem bizarren Argument jeder Einwand gegen die Gender-Theorie zurückgewiesen." [25]

4. Dekonstruktion der Naturwissenschaft

„Ein kluger Kopf hat mal gesagt: Die Biologie ist das, was man dafür hält."[26] Diese Sicht ist inzwischen amtlich. Diese für jeden Naturwissenschaftler verblüffende Argumentation ergibt sich aber zwingend aus einem Konstruktivismus, der nun auch die Natur einbezieht. „Die Genderbewegung hat (…) kein Interesse an Objektivität.

Eine objektive Wirklichkeit, die es zu erforschen gilt, existiert für sie nicht."[27]

Aus dieser Sicht nimmt der Konstruktivismus allerdings bizarre Züge an: Als Wissenschaftler nach der Untersuchung der Mumie von Ramses II herausfanden, dass der Pharao wahrscheinlich an Tuberkulose gestorben war, bestritt der französische Konstruktivist Robert Latour, dass das möglich sei, weil Robert Koch das Virus erst 1882 entdeckt hatte: „Vor Koch hatte das Virus keine wirkliche Existenz." [28] Noch weiter geht Judith Butler. Als Professorin für Linguistik entsteht Wirklichkeit für sie erst durch Sprache. Somit ist auch Geschlecht semantisch konstruiert: „Es gibt überhaupt keinen „natürlichen" Körper als solchen, der „vor" der Sprache und Deutung der Kulturen liege. Radikalisiert bedeutet das, auch „Biologie" sei Kultur." [29] Da aber offensichtlich Lebewesen existierten, bevor es Menschen und Sprache gab, ist diese Weltsicht so wirklichkeitsfremd, dass sie eigentlich nur zeigt, wie Ideologie selbst offensichtlichste Dinge vernebeln kann.

Die in Sachen „Dekonstruktion der Naturwissenschaft" führende kanadische Gender-Professorin Donna Haraway fährt gleich drei Geschütze auf, um den Wahrheitsanspruch der empirischen Wissenschaft zu dekonstruieren. Das erste:

„Der Konstruktivismus lehrt, dass wir die Wirklichkeit niemals als das erkennen können, was sie wirklich ist." [30] Zunächst ist der Konstruktivismus für die Gender-Wissenschaft offensichtlich eine nicht hinterfragbare Prämisse und somit unwissenschaftlich. Aber es gibt einen wahren Kern in der Aussage. „Die Physik ist nicht die Beschreibung der Natur, sondern vielmehr nur die Beschreibung unserer Vorstellung von der Natur." Diese Aussage von Nils Bohr[31] wird von Carl-Friedrich von Weizsäcker noch verschärft: „Die rationale Physik sieht … nur die Oberfläche der Wirklichkeit, die Physik erklärt nicht die Geheimnisse der Natur, sie führt sie auf tiefer liegende Geheimnisse zurück." [32] Tatsächlich werden wir nie herausfinden, „was die Welt im Innersten zusammenhält".

Aber wenn wir heute die meisten Krankheiten medikamentös behandeln und über Kontinente hinweg kommunizieren können; wenn sich ein viele Tonnen schwerer Jumbo in die Luft erhebt oder unsere Raumsonden auf dem Mond, dem Mars und sogar auf einem Kometen landen, dann belegt das wohl eindrucksvoll, dass wir zumindest die Oberfläche der Wirklichkeit, die uns ja unmittelbar betrifft, hinreichend genau beschreiben können. Donna Haraway´s zweites Argument lautet:

„Geltende Theorien wurden bisher nur nicht falsifiziert. Wenn überhaupt, dann wissen wir nur sicher, was Wirklichkeit nicht ist." [33] Auch dieser Einwand ist im Prinzip richtig: Alle unsere mathematischen Modelle der Wirklichkeit müssen sich im Experiment bewähren. Aber noch so viele Bestätigungen machen eine Theorie nicht zur Wahrheit, sie kann nur falsifiziert werden. Insofern wissen wir tatsächlich nur sicher, was die Wirklichkeit nicht ist.

Aber die großen Theorien wie Newtons Mechanik wurden nicht „falsifiziert", sondern eingeschränkt auf den Geltungsbereich, in dem sie angewandt werden können. Im „Alltagsgebrauch" funktioniert Newtons Mechanik wunderbar. Sie versagt erst bei Geschwindigkeiten nahe der Lichtgeschwindigkeit und im atomaren Bereich. Hier greifen umfassendere Theorien wie die Relativitätstheorie bzw. die Quantenmechanik. Donna Haraways erste beide Einwände sind also prinzipiell richtig, aber praktisch irrelevant. Ihr drittes Argument lautet:

„Wissen von Forschenden kann nur in Bezug auf deren politische Position gebildet werden." [34] Das heißt: Der Wissenschaftler sieht die Welt durch die Brille seiner politischen Einstellung. Damit ist jede Wissenschaft letztlich Ideologie. Dann allerdings wäre auch Haraways Wissenschaft nur Ideologie. Die Schwierigkeit für Donna Haraway ist also, einerseits die Objektivitätsansprüche der Wissenschaft zu dekonstruieren, aber andererseits den eigenen Objektivitätsanspruch aufrechtzuerhalten. Deshalb ist für sie ein neuer Objektivitätsbegriff notwendig. Ihr Vorschlag: „Unterworfene Standpunkte werden bevorzugt, weil sie angemessenere, nachhaltigere, objektivere, transformierendere Darstellungen der Welt zu versprechen scheinen." [35]

Donna Haraway argumentiert in ihren Begriffen im Sinne der „kritischen Theorie". Die entstand aus der Forderung von Karl Marx, dass wahre Philosophie nicht über die Welt nachdenken, sondern sie verändern solle. Die „kritische Theorie" ist nicht, wie die Naturwissenschaft, vom Interesse an Objektivität und Wahrheit geleitet, sondern ihr Ziel ist die Veränderung der bestehenden Gesellschaft. Objektiver Wissenschaft darf weder ein Dogma noch ein Konsens vorgeschaltet werden, sondern es muss methodisch korrekt geforscht werden, und diese Forschung muss ergebnisoffen sein. Gender-Theorien sind also keine Naturwissenschaft, sondern Handlungskonzepte zur Veränderung der Welt.

Dass sich Donna Haraway ihrer Sache keineswegs sicher ist, offenbart sie mit der Sentenz „zu versprechen scheinen." Was also, wenn das Versprechen nicht hält und der Schein trügt? Mit welchem Kriterium könnte man eine solche Theorie verifizieren oder falsifizieren? Wer bestimmt, was der „richtige" Standpunkt ist? Man muss schon sehr naiv sein zu glauben, dass „die Unterworfenen" jemals die Deutungshoheit über die „richtige Weltanschauung" hatten. Erinnern wir uns: Aristoteles hatte behauptet, dass ein schwerer Stein schneller fällt als ein leichter. Das wurde 1500 Jahre so geglaubt, weil die Autorität Aristoteles´ so übermächtig war, dass niemand es wagte, seine Aussagen anzuzweifeln. Erst Galileo Galilei bewies durch seine Experimente, dass beide gleich schnell fallen. Erstmals hatte die Menschheit mit der empirischen Wissenschaft eine Methode gefunden, die Wirklichkeit unabhängig von einer „richtigen" Weltanschauung oder der Autorität eines Forschers zu beschreiben. Galilei, Newton oder Einstein haben Ihre Forschung bestimmt nicht aus dem „unterworfenen Standpunkt" betrieben. Wären ihre Erkenntnisse besser oder anders, wenn sie mit einer anderen politischen Einstellung gefunden worden wären?

Mit der Gender-Wissenschaft fällt die Menschheit endgültig in das vorwissenschaftliche Zeitalter zurück, nachdem wir schon auf diesem Weg sind, seit das materialistische Weltbild zur maßgeblichen Weltanschauung mutierte. Heute entscheidet in allen gesellschaftlich relevanten Bereichen die „richtige" Weltanschauung darüber, wer auf einen Lehrstuhl berufen wird. Wer es wagte, die Evolutionslehre Darwins oder die anthropogene Klimaerwärmung in Zweifel zu ziehen, wird sicher nicht auf einen Lehrstuhl berufen. Und Forschungsgelder erhält nur, wessen Projekte den politischen Mainstream nicht in Frage stellen. So wurde beispielsweise die Forschung über die Ursachen von Homosexualität vollständig eingestellt. Das Absurdeste ist, dass an den Universitäten inzwischen etwa 200 Lehrstühle für Gender Studies eingerichtet wurden, deren erklärtes Ziel es ist, die Wissenschaft zu dekonstruieren.

5. Der große Irrtum

Natürlich kann man sich eine passende Wirklichkeit konstruieren, aber das ändert an der real existierenden nichts. Doch es hat dramatische Folgen für unsere Zukunft. So schrieb Konrad Lorenz 1982 in Voraussicht der Gender-Ideologie: „Der Irrglaube, dass man aus dem Menschen ... schlechterdings alles machen kann, liegt den vielen Todsünden zugrunde, welche die zivilisierte Menschheit gegen die Natur des Menschen begeht. Es muss übelste Auswirkungen haben, wenn eine weltumfassende Ideologie samt der sich daraus ergebenden Politik auf einer Lüge begründet ist."[36] Da der Sozialismus von einem unrealistischen Menschenbild ausging, musste er an diesem Grundirrtum immer wieder scheitern: „Die schlichte ..... Wahrheit ist, dass der „eigentliche Mensch" seit je da war – in seinen Höhen und Tiefen, in seiner Größe und Erbärmlichkeit, seinem Glück und seiner Qual, seiner Rechtfertigung und seiner Schuld. Der Irrtum der Utopie ist also ein Irrtum der Auffassung vom Wesen des Menschen."[37]

Das falsche Menschenbild beginnt mit der Illusion, dass der Mensch frei wäre. Sigmund Freud hat wiederentdeckt, was Paulus schon im 7. Kapitel des Römerbriefes beschrieben hatte: Dass der Mensch eben nicht Herr im eigenen Hause ist. Aber diese zentrale Erkenntnis wollen die „aufgeklärten" Zeitgenossen bis heute nicht hören, weil dann das gesamte Projekt „neuer Gender-Mensch" schon im Ansatz gescheitert wäre. „Mit Abscheu zitiert Skinner am Schluss seines Buches ‚Was ist Behaviorismus?' Konrad Lorenz mit dem Satz, wonach der Menschheit die größte Gefahr dadurch drohe, dass der Mensch seiner nie ganz Herr zu werden wisse." Skinners Antwort: „Wenn das wahr wäre, wären wir verloren."[38] Also durfte es nicht wahr sein.

„Aber was geschah mit dem Bösen, der Macht der Destruktivität?" fragte Horst-Eberhard Richter. Die Antwort: „Seiner Bewältigung dienten verschiedene geistreiche Versuche zur Verleugnung oder Relativierung. Was diese Verdrängungsmanöver bewirkten, war aber nur, die gefährlichen Kräfte unsichtbar zu machen." [39] Dass diese Kräfte sehr real sind, wusste besonders Freuds Schüler C. G. Jung: „Es ist nicht wahr, das wir einzig mit der Ratio und dem Willen auskommen. Wir sind ganz im Gegenteil beständig unter dem Einfluss von störenden Mächten, die Vernunft und Willen durchkreuzen, das heißt, sie sind stärker als das letztere..." [40]

Das Wesen des Menschen insgesamt, seine moralische Ambivalenz, seine Sehnsucht nach dem Paradies und seine Suche nach Sinn, waren den Materialisten seit jeher ein Rätsel. Er sei ein „Irrläufer, eine groteske Laune der Natur. Er ist Teil der Natur und doch transzendiert er die Natur. Der Mensch ist das einzige Lebewesen, das sich in der Natur nicht zu Hause fühlt, das sich aus dem Paradies vertrieben fühlen kann.", [41] fand Erich Fromm. Als Jude wusste er aus seiner Bibel, dass in der Urzeit etwas Entscheidendes mit dem Menschen „schief gelaufen" war. „Obwohl Mann und Frau einander unverhüllt gegenübertraten, schämten sie sich nicht, weil sie sich nicht als Fremde erfuhren, sondern als „eins". Nach dem Ereignis, das wir „Sündenfall" nennen, „empfinden sie die tiefste Scham, die es gibt: einem Mitmenschen „nackt" gegenüberzutreten und sich dabei der gegenseitigen Entfremdung bewusst zu sein, die sie voneinander trennt." [42] Diese „Entfremdung" des Menschen von sich selbst, vom Nächsten und von seiner Umwelt sieht Fromm als das zentrale Thema des Menschen: „Der Mensch aller Zeiten und Kulturen steht der Lösung dieser einen und immer gleichen Frage gegenüber: Wie die Getrenntheit überwunden, wie man das eigene individuelle Leben transzendieren und eins werden kann." [43]

Die Lösung des Problems haben gerade neomarxistische Denker erstaunlich gut erkannt. So schrieb Theodor W. Adorno: „Jeder Mensch heute, ohne jede Ausnahme, fühlt sich zu wenig geliebt, weil jeder zu wenig lieben kann. (...) der Mangel an Liebe ist der Mangel aller Menschen ohne Ausnahme, so wie sie heute existieren." [44]

So konnte sich die Hoffnung der Moderne mit ihrer Sicht vom Menschen als einer „biologischen Maschine" nicht erfüllen: „Das Ziel der Aufklärung, die vollständige Befriedigung aller instinktiven Wünsche, ist nicht nur keine Basis für das Glück, sondern garantiert nicht einmal minimale seelische Gesundheit." [45] Bleibt ihm also nur das „Lustprinzip", „das einzige Ziel und die entscheidende Kraft, welche die menschliche Gesellschaft entwickelt." [46] Aber Erich Fromm weiß, dass auch die Sexualität nur eine Scheinlösung ist: „Die sexuelle Orgie ... wird zu dem verzweifelten Versuch, der durch die Getrenntheit erzeugten Angst zu entkommen und resultiert in einem immer stärker wachsenden Gefühl der Einsamkeit, da der ohne Liebe vollzogene Geschlechtsakt die Kluft zwischen zwei menschlichen Wesen höchstens für einen kurzen Augenblick überbrücken kann." [47]

Das Fazit des Marxisten Erich Fromm ist daher: „Wenn es wahr ist – was ich darzulegen versuchte- ... dass die Liebe die einzig befriedigende Antwort auf das Problem der menschlichen Existenz ist, dann muss jede Gesellschaft, die die Entwicklung zur Liebe ausschließt, an ihrem Widerspruch ... zur menschlichen Natur zugrunde gehen...."[48]

Die Tragik des Sozialismus ist, dass er keine Antwort auf das tiefste Bedürfnis des Menschen hat: „Liebe kann nicht gefordert oder befohlen werden, denn die Forderung nach Liebe verewigt die Kälte."[49]

Was also tun, wenn es keine Lösung des eigentlichen Problems der Lieblosigkeit gibt? Der Entwicklungspsychologe Rudolf Seiß sieht hier den eigentlichen Ursprung des Sozialismus: „Durch das Gewahr-Werden der Nacktheit erkennen wir mit dem Gegenübersein die Möglichkeit des Gegnerseins und unsere Unfähigkeit, diese Kluft zu überwinden. So musste sich das sich Sehnen nach Geborgenheit und Liebe als Projektion in die Gesellschaft zum kollektivistischen sozialistischen Gesellschaftsmodell herausbilden." [50]

6. Gender Mainstreaming – der letzte Versuch

Heute erleben wir mit dem Genderismus den letzten Versuch des Sozialismus, die Illusion vom „neuen Menschen" aufrecht zu erhalten. Schlägt auch dieser fehl, so sagt B. F. Skinner richtig: „Sind wir verloren."

Deshalb muss die Gender-Erziehung radikal mit der bürgerlichen Prägung brechen. Da, wie der „Kinderwertmonitor" der UNICEF herausfand, sagten 98 % der befragten Kinder, dass ihnen die Eltern Werte am besten vermitteln. [51] So ist eine möglichst frühe und vollständige Trennung des Kindes von seinen Eltern notwendig. Kita, Kindergarten und Ganztagsschule werden systematisch ausgebaut. Um auch Restbestände bürgerlicher Werte zu beseitigen, werden die Kinder in ihrer Identität bewusst verunsichert. So möchten die Autoren des Standardwerkes ‚Sexualpädagogik der Vielfalt', Elisabeth Tuider und ihre Mitstreiter, als Methode ausdrücklich die „Verwirrung" und die „Veruneindeutigung" angewendet wissen." [52] Die höchste Stufe der Verwirrung ist schon im Volksmund dann erreicht, wenn der Mensch nicht mehr weiß, „ob er Männlein oder Weiblein" ist. Um sicherzustellen, dass es keinen „Rückfall" in bürgerliche Werte gibt, geschieht die Sozialisierung durch Gleichaltrige in der Ganztagsschule. „Dies führt zu einem Verlust der vertikalen Kulturvermittlung." [53]

Aber anders als Judith Butler und die Gender-FeministInnen das erwarten, wird auf dieser Tabula rasa der Verunsicherung gerade nicht die neue, emanzipierte Persönlichkeit mit selbstgewählter Identität entstehen. Denn auch die Entwicklung eines Kindes hat naturgegebene Voraussetzungen, die sich nicht dekonstruieren lassen. Wenn das Kind Identität, Selbstwert, Beziehungs- und Lernfähigkeit entwickeln und zu einer stabilen Persönlichkeit werden soll, dann braucht es, wie es Christa Meves [54] seit Jahrzehnten fordert und es heute die Bindungsforschung eindeutig belegt: Liebe, Geborgenheit und emotionale Nähe zur Mutter. Kurz: eine sichere Bindung. „Bindung ist emotionale Nahrung, die uns am Leben hält. Sie ist gleichberechtigt mit lebenswichtigen Bedürfnissen wie Hunger, Durst, Schlaf, Luft oder Bewegung. Wenn kleine Kinder keine Bindung haben, gedeihen sie nicht, weil sie es nicht aushalten, dass niemand mit ihnen in Kontakt ist. Wenn das weitergeht, entwickeln sie sich motorisch ganz zurück und sterben." [55] Das ist vielfach empirisch belegt, besonders eindrücklich durch ein Großexperiment in Rumänien unter Ceausescu. [56] Für die Bildung von Identität, Selbstwert, Lernfähigkeit und Beziehungsfähigkeit gibt es Zeitfenster, in denen eine sichere emotionale Bindung an die Mutter unerlässlich ist. „Gerade diese frühe Phase muss daher dazu genutzt werden, die hirnbiologische Basis für spätere Lernleistungen und sozio-emotionale Kompetenz zu bilden. Frühkindliche emotional gesteuerte Lernprozesse, wie die Entstehung der Kind-Eltern-Beziehung, sind von grundlegender Bedeutung für die Ausbildung normaler sozialer, emotionaler und intellektueller Fähigkeiten." [57]

Die Ignorierung der biologisch vorgegebenen Bedingungen durch die Ideologie des Genderismus, umgesetzt in einer kollektiven Aufbewahrung von Kleinkindern ohne sichere Bindung und einer zusätzliche Verunsicherung in den Phasen der Persönlichkeitsbildung, muss zwangsläufig zu irreversiblen Schäden führen. Sie sind heute in den Gender-Vorreiterländern zu besichtigen: In Schweden haben bei jungen Mädchen in den letzten 20 Jahren die Depressionen um 1000 %, die Angststörungen um 250 % zugenommen. Junge Schwedinnen nehmen in der Suizidrate eine Spitzenstellung in Europa ein.[58] Jedes dritte Kind leidet an psychischen Störungen. „Wir sprechen hier von kleinen Kindern im Alter von vier Jahren! Und jedes Jahr begehen ca. 100 Kinder Selbstmord. Viele dieser Kinder sind nicht älter als vier, fünf oder sechs Jahre. Die Untergrundbahn in Stockholm wird beständig von Heranwachsenden verwüstet. Jedes Jahr werden fünf Millionen Dollar zur Beseitigung der Schäden ausgegeben." [59] „In Finnland mit einem Anteil von 97 % der unter dreijährigen Kita-Kindern zeigen fast 40 % der 24jährigen Frauen depressive Symptome. In den vergangenen Jahren haben sich die Tötungsdelikte unter den 18 – 20jährigen Männern mehr als verdoppelt." [60]

Schon vor mehr als zehn Jahren hat Christa Meves das Buch „Verführt. Manipuliert. Pervertiert." geschrieben. Heute müsste man den Titel erweitern durch die Begriffe „Traumatisiert. Sexualisiert." [61] Es ist schlicht absurd zu glauben, dass traumatisierte und sexualisierte junge Menschen, die in den prägenden Phasen ihrer Persönlichkeitsentwicklung systematisch verunsichert werden, imstande wären, später eine freie und stabile Identität aufbauen könnten. Das Ergebnis sind verunsicherte, bindungsunfähige Menschen ohne persönliche, kulturelle, religiöse und nationale Identität. Es ist nicht der neue Gender-Mensch, der dann wie Phönix aus der Asche entsteht, sondern Nietzsches „Kleintierzüchtung der Zivilisation, verächtlich und armselig mit einem Lüstchen für den Tag und einem für die Nacht." [62]

Aber die gesellschaftlichen Folgen von Gender Mainstreaming gehen viel weiter: Es zerstört nicht nur die Persönlichkeit von Menschen, es impliziert auch die Zerstörung der kulturellen Grundlagen einer Gesellschaft durch den beschriebenen Kulturabriss bei gleichzeitiger Zerstörung der klassischen Familie. In einer sehr umfangreichen Studie über die Entwicklung von 80 primitiven und 16 zivilisierten Kulturen über einen Zeitraum von 5000 Jahren zeigte John D. Unwin, dass die Familie die Grundlage jeder nationalen Entwicklung ist. „In allen Fällen war der Zusammenbruch der Nationen ein Resultat des Zusammenbruchs der Familieneinheiten." [63]

Konrad Lorenz warnt: „Eine Kultur lässt sich auslöschen wie eine Kerzenflamme. (…) doch um sie wieder aufzubauen, müsste man beim Vor-Cro-Magnon-Menschen neu beginnen." [64] Aber die Voraussetzung für jede weitere Entwicklung ist, dass das Volk überhaupt biologisch überlebt. Unsere demographische Katastrophe zeigt schon jetzt, dass die westliche Gesellschaft ihren Bestand nur noch parasitär durch Migranten halten kann, die aus Ländern mit „rückständigen" Formen von Familie kommen. Auch diese Entwicklung hat ihre Wurzel in dem verfehlten materialistischen Menschenbild. Der wohl schärfste Analytiker des Sozialismus, Lenin-Preisträger Igor R. Schafarewisch, schrieb: „Beziehungen stellen für Tiere den „Sinn des Lebens" dar: Wenn sie auseinanderbrechen, wird das Tier apathisch, verweigert die Nahrung und wird zu einer leichten Beute für Raubtiere. Dies trifft in unvergleichlich höherem Maße auf Menschen zu. … Deshalb würde die konsequente Verwirklichung der Prinzipien des Sozialismus, welche der menschlichen Individualität ihre Rolle entzieht, gleichzeitig auch dem Leben seinen Sinn und seine Attraktivität entziehen und würde zu einem Aussterben der Bevölkerungsgruppe führen." [65] Mittlerweile sind wir dabei, wie es Meinhard Miegel einmal sagte, „uns biologisch und geistig abzuschaffen." Ohne letzten Sinn stirbt ein Volk: „Glaubt ihr nicht, so bleibt ihr nicht." [66]

7. Cui bono?

Was bewirkt der Kultur- und Traditionsabriss für eine Gesellschaft? Es ist exakt das, was Alexis de Tocqueville schon 1835 als die größte Gefahr der modernen Demokratie vorausgesehen hat: Dass die Egalisierung der Lebensumstände eine „atomisierte Gesellschaft" hervorbringen würde, eine Ansammlung von eingekapselten Monaden, die nur noch um ihre elementarsten Lebensbedürfnisse kreisen. Sie sind im wahrsten Sinne des Wortes „Selbst-los", ohne persönlichen Kern und damit grenzenlos manipulierbar, wie Victor Frankl zeigte: „Im Gegensatz zum Tier sagen dem Menschen keine Instinkte, was er tun muss. Heute sagen dem Menschen auch keine Traditionen mehr, was er soll. Weder wissend was er muss, noch was er soll, scheint er nicht mehr recht zu wissen, was er will. So will er nun das, was die anderen tun - Konformismus - oder was die anderen von ihm wollen - Totalitarismus." [67] Damit wird unter dem Mantel der Demokratie einer Gesinnungsdiktatur, wie wir sie schon heute in Ansätzen als „political correctness" erleben, Tür und Tor geöffnet. C. S. Lewis sah die Folgen einer Ideologie voraus, die dem Menschen die totale „Selbstverwirklichung" verspricht: „Die Macht des Menschen, aus sich zu machen, was ihm beliebt, bedeutet die Macht einiger Weniger, aus anderen zu machen, was ihnen beliebt." [68]

Die Zielstrebigkeit, mit der dieses Programm zur Zerstörung von Persönlichkeiten und Kulturen, gegen alle Erkenntnisse der Wissenschaft, Top-Down von UNO über EU und Länderregierungen von der Exekutive als „hidden agenda" vorbei an der Bevölkerung und den Parlamenten, „durchgezogen wird", legt es nahe, dahinter eine Strategie zu vermuten. Könnte es also sein, dass die Drahtzieher dieser Entwicklung viel klüger sind als die wirklichkeitsblinden Gender-Ideologen und sie gewähren lassen, weil sie an den „Nebenwirkungen" vom Gender Mainstreaming interessiert sind? An dem idealen Untertan, der in seinem Hamsterrad läuft, Gewinn erwirtschaftet, Kinder zeugt um sie sofort abzugeben und sich ansonsten nur noch um sich selbst dreht?

8. Der tiefere Grund unserer Misere

Die materialistische Wissenschaft war in ihrer technischen Anwendung ungeheuer erfolgreich. Auch im wirtschaftlichen Bereich brachte die Moderne einen unvorstellbaren Wohlstand für Millionen von Menschen. Aber die Übertragung des im technischen Bereich so erfolgreichen Materialismus auf den gesellschaftlichen Bereich hatte dramatische Konsequenzen. Da sich die Aufklärung die Emanzipation des Menschen von Gott auf ihre Fahnen geschrieben hatte, ist das spirituelle Vakuum das eigentliche Problem des modernen Menschen. So war das Resümee C. G. Jungs als Psychotherapeut: „Unter all meinen Patienten jenseits der 35 ist nicht ein einziger, dessen endgültiges Problem nicht das der religiösen Einstellung wäre."

So beobachten wir in unserer säkularen Gesellschaft eine religiöse Aufladung von politischen Programmen und Ideologien. Religion muss nicht immer mit Gott zu tun haben. Deshalb bezeichnete Raymond Aron den Kommunismus „als Opium für Intellektuelle" und attestierte diesen „die Sucht nach Weltanschauung". Auch der Naturschutz entwickelte sich zur einer Ökoreligion, dem neuen Glauben der gebildeten Mittelschicht, „in dem man Technikfeindlichkeit, Antikapitalismus und Aktionismus unterbringen kann. Diejenigen, die es entrüstet als Zumutung von sich weisen, Gott Vater anzubeten, huldigen ganz selbstverständlich einem Kult der Mutter Erde." [69]

Aber in all dem sieht C. G. Jung, obwohl selbst Agnostiker, keinen tragfähigen Ersatz für den christlichen Glauben: „Da dem der nicht glauben kann sondern verstehen möchte, nur Zweifel und Skepsis bleiben, wird die ganze christliche Überlieferung als bloße Phantasie über Bord geworfen. Darin sehe ich einen ungeheuren Verlust, für den wir einen schrecklichen Preis zu zahlen haben werden. Die Wirkung zeigt sich in der Auflösung ethischer Werte, und in einer totalen Desorientierung unserer „Weltanschauung". Die „Wahrheit" der Naturwissenschaft und „Existentialphilosophie" ist ein schwacher Ersatz." [70]

Mittlerweile nehmen die Ersatzreligionen immer irrationalere Züge an. Erich Fromm erklärt mit der Intensität des Bedürfnisses nach einem Orientierungsrahmen, „wie leicht es den Menschen fällt, der Faszination irrationaler Doktrinen politischer oder religiöser, oder auch anderer Art zu verfallen, obwohl es sich für jedermann, der nicht unter ihrem Einfluss steht, ganz offensichtlich um wertlose Konstrukte handelt." [71] Uns umgibt heute eine weltanschauliche Verwirrung und Finsternis, gegen die das Mittelalter als ein Zeitalter des Lichts erscheint. „Obwohl sie von Gott wussten, … sind sie dem Nichtigen verfallen in ihren Gedanken, ihr unverständiges Herz ist verfinstert. Da sie sich für Weise hielten, sind sie zu Narren geworden." [72] So wendet sich C. G. Jung ausdrücklich „an jene vielen, für die (…) Gott tot ist" [73], um ihnen die Folgen klar zu machen: „In einer Zeit, wo ein großer Teil der Menschheit anfängt, das

Christentum wegzulegen, lohnt es sich wohl, klar einzusehen, wozu man es eigentlich angenommen hat. Man hat es angenommen, um der Rohheit und Unbewusstheit der Antike zu entkommen. Legen wir es weg, so steht schon wieder die ursprüngliche Rohheit da, von der uns ja die zeitgenössische Geschichte einen nicht mehr zu überbietenden Eindruck gegeben hat." [74]

Mit Gender Mainstreaming als dem totalen Gegenentwurf einer christlich-bürgerlichen Gesellschaft erleben wir heute den massivsten Versuch unserer Geschichte, die Gesellschaft zu säkularisieren. Wohin die Emanzipation von Gottes Normen und der Natur führen würde, hat der damalige Professor Josef Ratzinger und spätere Papst Benedikt XVI. sehr deutlich beschrieben: „Der Kern der Versuchung ist schon auf den ersten Seiten der Bibel beschrieben: Ihr werdet sein wie Gott, frei von den Gesetzen des Schöpfers, frei von den Gesetzen der Natur, absolute Herren des eigenen Schicksals. Aber was euch am Ende eines solchen Weges erwartet, ist gewiss nicht das Paradies." [75]

---

[1] *Erich Fromm: Haben und Sein 1980, S. 135*

[2] *Joseph Needham: Science and Civilisation in China, vol. 2, Cambridge Univ. Press, 1956, S. 581*

[3] *Albert Einstein: Briefe an Maurice Solovine. Paris 1956, S.114*

[4] *Max Planck: Religion und Naturwissenschaft in: Hans-Peter Dürr (Hrsg.): Physik und Transzendenz, S. 37*

[5] *Max Planck ebd. S: 39*

[6] *Francis Bacon: The advancement of Learning, London, Henrie Tomes, 1605, Ed T. Case London 1906, S. 41+42*

[7] *Galileo Galilei an die Großherzogin der Toscana, Opere, Vol. V, pp. 309-348*

[8] *Zitat, Immanuel Kant zugeschrieben*

[9] *Richard Lewontin: The New York Review of Books, 9. Januar 1977*

[10] *Joseph Weizenbaum: Von der künstlichen Intelligenz zum künstlichen Glauben. in: Helmut A. Müller (Hsg.) Naturwissenschaft und Glaube, 1993, S. 366*

[11] Joachim Bauer (Prof. f. psychosomatische Medizin, Uniklinik Freiburg): Das kooperative Gen – Abschied vom Darwinismus, Hoffmann und Campe, 2008, S. 13
[12] Erklärung von 22 prominenten Wissenschaftlern zur Verteidigung des Klonens
[13] Jan Fleischhauer: Unter Linken, 2010, S. 90
[14] Karl Marx, Vorwort zur Kritik der politischen Ökonomie, MEW 13:9
[15] Jan Fleischhauer: Unter Linken, 2010, S. 233
[16] Simone de Beauvoir: Le deuxième sexe, 1949
[17] Jan Fleischhauer ebd.
[18] Hanna-Barbara Gerl-Falkovitz: Fließende Identität? Ein Blick auf Gender, www.kath.net/news/ 26. August 2014
[19] Ministerium für Arbeit und Sozialordnung, Familien und Senioren Baden-Württemberg, 10/14
[20] B. F. Skinner zitiert in: Jan Fleischhauer: Unter Linken, 2010, S. 231
[21] Volker Zastrow: Gender - Politische Geschlechtsumwandlung, 2010, S. 17
[22] Martine Rothblatt: The Apartheid of Sex 1995, S. 21
[23] M. Spreng, H. Seubert: Die Vergewaltigung der menschlichen Natur, 2012, S. 63
[24] Louann Neuropsychologin, Die Welt 22. 2. 2007
[25] Volker Zastrow: Gender Politische Geschlechtsumwandlung, 2010, S. 58
[26] Ministerium für Arbeit und Sozialordnung, Familien und Senioren Baden-Württemberg, 10/14
[27] Doris Bischof-Köhler, LMU München, Zeit Magazin 6. Juni 13
[28] Cord Riechelmann, Und sie existiert doch! FAS 43/14
[29] Hanna-Barbara Gerl-Falkovitz ebd.
[30] Christian Fuchs: Der Feminismus Donna Haraways, http://fuchs.uti.at/wpcontent/uploads/infogestechn/haraway.htmlw
[31] Nils Bohr zitiert in: Ernst Peter Fischer: Sowohl als auch, 1987, S. 57
[32] Carl Friedrich von Weizsäcker: Bewußtseinswandel, 1988, S. 419
[33] Christian Fuchs ebd.
[34] Christian Fuchs ebd.
[35] Donna Haraway 1995 S. 83+84
[36] Konrad Lorenz: Die 8 Todsünden der zivilisierten Menschheit, 1982, S. 96
[37] Hans Jonas: Das Prinzip Verantwortung, 1987, S. 382
[38] Jan Fleischhauer: Unter Linken, 2010, S. 90
[39] Horst Eberhard Richter: Wer nicht leiden will muss hassen, 1993, S. 27
[40] C. G. Jung: Briefe II, S. 512
[41] Erich Fromm: Anatomie der menschlichen Destruktivität, 1981, S. 253
[42] Erich Fromm: Haben oder Sein, 1980, S. 123
[43] Erich Fromm: Die Kunst des Liebens 1973, S. 24

⁴⁴ Theodor W. Adorno: Erziehung nach Auschwitz, 1966
⁴⁵ Erich Fromm: Die Kunst des Liebens, 1973, S. 122
⁴⁶ Charles Fourier 1938, Dt. 1966, S. 387
⁴⁷ Erich Fromm, ebd. S. 29
⁴⁸ Erich Fromm, ebd. S. 164
⁴⁹ Theodor W. Adorno: Erziehung nach Auschwitz,1966
⁵⁰ Rudolf Seiß: Freiheit und Identität des Christen, 1983, S. 29
⁵¹ WZ vom 18. September 2014
⁵² Antje Schmelcher: Unter dem Deckmantel der Vielfalt, FASZ vom 12. Oktober 2014
⁵³ Gordon Neufeld, Gabore Maté: Unsere Kinder brauchen uns, 2007, S. 93 ff.
⁵⁴ Christa Meves: Geheimnis Gehirn, 2008
⁵⁵ Karl Heinz Brisch. Psychologie heute, Mai 2014
⁵⁶ Beilage zu Christa Meves: Geheimnis Gehirn, 2008
⁵⁷ Bock, J.; Helmeke, C.; Ovtscharoff, W.; Gruß, M.; Braun, K.: Leibniz: Frühkindliche emotionale Erfahrungen beeinflussen die funktionelle Entwicklung des Gehirns. 15 Neuroforum 2/03
⁵⁸ Christian Sörbis Ekström in Hubert Gindert: Der Fels, 11/2013
⁵⁹ Von Jan-Olaf Gustafsson, Human Life International; Info Nr. 4/2001
⁶⁰ Erja Rusanen, Helsinki, in Hubert Gindert: Der Fels, 11/2013
⁶¹ Christa Meves: Verführt. Manipulert. Pervertiert. 2005
⁶² Zitiert von Peter Sloterdijk in Thomas Assheuer: Das Zaratusthra-Projekt, Die Zeit 36/1999
⁶³ John D. Unwin: Sex and Culture, Oxford 1934, S. 411ff
⁶⁴ Konrad Lorenz: Die 8 Todsünden der zivilisierten Menschheit, 1982, S. 77 + 83
⁶⁵ Igor R. Schafarewitsch: Der Todestrieb in der Geschichte, 1980, S. 327
⁶⁶ Jes 7, 9
⁶⁷ Viktor Frankl: Das Leiden am sinnlosen Leben, 1991, S. 13
⁶⁸ Quelle nicht bekannt
⁶⁹ Norbert Bolz: Das Wissen der Religionen, 2008, S. 45
⁷⁰ C. G. Jung: Briefe II, 437
⁷¹ Erich Fromm: Anatomie der menschlichen Destruktivität, 1981, S. 261
⁷² Röm 1, 21+22
⁷³ C. G. Jung: Grundwerk 4, S. 92
⁷⁴ C. G. Jung: Grundwerk 8, S. 76
⁷⁵ Josef Ratzinger vor Studenten in Tübingen 1982

Bettina Röhl
Die hodenlose Gesellschaft
Die Zweigeschlechtlichkeit und das ewige Leben

Henne oder Ei? Diese uralte Frage, die bereits die griechischen Philosophen, aber auch moderne, von Darwin angefixte Naturwissenschaftler bewegt hat, ist so dumm wie ein Hühnerei: Weder Henne noch Ei gäbe es, wenn es nicht zuvor einen Hahn gegeben hätte.

Um Gottes Willen! Kommen Sie mir bloß nicht mit dem Hahn! Die neueste Volte der Gender-Feministinnen ist bekanntlich: Männer sind ein alter Hut, die zur Fortpflanzung nicht mehr gebraucht werden. Da geht man, besser frau, im Bedarfsfall zur Samenbank, heißt es in diesen Kreisen. Mit Logik hat das nichts zu tun. Der Samen in den Banken stammt schließlich von Männern und kommt nicht aus der Retorte. Samenbanken sind von endlicher Dauer, zumal bei diesen mannlosen Samenbankenphantasien immer auch die Idee mitschwingt, den Samen zu selektieren und weiblichen Nachwuchs im Reagenzglas zu zeugen. Ein paar wenige Männer wollen die Feministinnen deshalb nolens volens für die Aufstockung der Samenbanken, und damit das menschliche Genom durch eine gewisse Vielfalt wieder aufgehellt werden kann, offenbar noch durchlassen. Klonen nicht ausgeschlossen. Die Phantasien in den radikalen Zirkeln gehen sehr weit.

Auf den Spaß und den Orgasmus bei der Befruchtung wollen vielleicht ein paar hundert oder tausend radikalfeministische Damen und die kleine Minderheit der Lesben (im Westen) verzichten. Allerdings: Die erdrückende Mehrheit der Frauen will das Vergnügen namens Sex.

Zurück zum Hahn, sprich zum Mann. Der Mann, vorwiegend der westliche Mann, ist gesellschaftlich in den letzten Jahrzehnten zum schlechthin Bösen geworden, das die Genderideologinnen von Tag zu Tag erfolgreicher an die Kette legen und „unschädlich" machen wollen! Das ist der unerkannte Sieg über die Köpfe der Menschen, über die Köpfe von Männern und Frauen, den ein paar fanatische Feministinnen sukzessive errungen haben. Und dies ganz unabhängig von oft diametral entgegenstehenden Entwicklungen in anderen Kulturkreisen dieser Welt und in den Parallelgesellschaften im Westen.

Nach wohl herrschender Auffassung darf Gender nicht einmal mehr hinterfragt, in Zweifel gezogen oder auch nur ernsthaft diskutiert werden.

Wer die Genderideologie eine „Ideologie" nennt, ist aus der Sicht der Genderideologen nicht nur ein Spielverderber, sondern ein Irrlichtender, der die Realität nicht zu erkennen in der Lage wäre. Und Realität sei selbstverständlich, dass es gar keine Biologie gäbe und dass es insbesondere die Geschlechtlichkeit des Menschen als Mann oder Frau nicht gäbe. Die Geschlechter „Mann" und „Frau" seien eine 100.000 Jahre alte Einbildung, und erst die Genderideologen hätten die reale Realität entdeckt, dass es nämlich keine „biologischen", sondern nur „soziale" Geschlechter gäbe. „Soziale" Geschlechter gäbe es auch nicht nur zwei, sondern unendlich viele. Tatsächlich wäre es so, dass jeder Mensch ausschließlich durch ein, nämlich sein „soziales Geschlecht" definiert sei und zwar ganz losgelöst von seiner scheinbaren Biologie als Mann oder Frau.

Psychoterror gegen den Mann

Laut Genderideologie hätte sich die Menschheit bis zum Auftauchen der Genderisten in der fatalen Verkennung entwickelt, dass es die beiden Geschlechter „Mann" und „Frau" tatsächlich gäbe, weshalb bis heute alle Menschen und die großen Weltreligionen verblödet glaubten, dass ein Mensch mit Penis und Hoden ein Mann wäre und ein Mensch mit Vagina, Eierstöcken und Milch gebender Brust eine Frau sei. Die Fiktion der Zweigeschlechtlichkeit des Menschen wäre indes die fatale Ursache dafür, dass die Menschheit bis heute von Katastrophen geschüttelt würde. Wobei zwei Katastrophen im Vordergrund stehen, die mit der richtigen Gender-Politik, so die fixe Idee, für immer „gelöst" werden sollten und könnten:

1. Die proklamierte Unterdrückung der Frau, gemeint ist die Unterdrückung der Frau im westlichen Kulturkreis durch den weißen, westlichen Mann;

2. Kriege, Vernichtung, Zerstörung, ebenfalls verursacht durch den weißen, westlichen Mann;

Und 3. würde die Unterdrückung der Menschheit durch die herrschende Klasse, wiederum durch den bösen weißen westlichen Mann, gleich mit aufgehoben. Ja, auch gute alte kommunistisch-sozialistische Ziele würden mit der richtigen Genderpolitik en passant durchgesetzt.

Eine konsequent durchgeführte Gender-Politik würde die Unterdrückung der Frau durch den Mann sozusagen Quote für Quote aufheben, womit die Welt, von ihrem Menschheitsproblem Nr.1 befreit, für immer erlöst wäre. Die richtig angewandte Genderpolitik wäre gewissermaßen das Allheilmittel. Ganz ähnlich wie viele Sozialisten und Kommunisten 150 Jahre lang glaubten, dass der richtig durchgeführte Kommunismus/Sozialismus das endgültige Heil der Menschheit bedeuten würde, was allerdings ein fataler Irrtum war, der hunderte Millionen Menschen das Leben kostete und noch mehr Menschen jede Lebensqualität nahm, ganz ähnlich wird heute die Gender-Ideologie in die Gesellschaft gepresst und geglaubt, dass sie ein wichtiger Schritt zur Erlösung der Menschheit sei. Und abermals glaubt man einen Schuldigen gefunden zu haben, und eine Methode, diesen Schuldigen zu bändigen, auszuschalten und zu entmachten, nur, dass man jetzt nicht mehr pauschal gegen Kapitalisten und das Kapital kämpft, sondern gegen den Mann, gegen das biologische Geschlecht und das Patriarchat. Vermittels der Gendertechnik würden Männer domestiziert und schließlich geistig „enteiert" - und damit Kriege und Vernichtung weltweit von selbst verhindert. Frauen machten sowas schließlich nicht. Ein friedliches Zusammenleben auf Erden wäre also garantiert.

Testosteron ist Teufel – Östrogen ist Gott

Frage: Und wie genau wird der weiße Mann nun entmännlicht? Antwort: Mit primitiven, aber hochwirksamen Mitteln. Durch Degradierung, Verleumdung, Entmachtung, Ehrabschneidung, Rufmord, Schuldzuweisungen, Demütigungen, Aberkennung seiner Leistungen, Beschimpfung, Verhöhnung, Ausgrenzung, aber vor allem mit dem gezielten Kappen von Einstiegschancen und Karrieremöglichkeiten sowie dem gezielten Einsatz oder Abstellen von Männern auf Abstellgleise, durch das Hineindrängen in Berufe und Tätigkeiten, die diese unterfordern, nicht interessieren, langweilen und nervtöten.

Es geht um eine moralische Kontaminierung des weißen Mannes. Alle anderen Männer erreichen die Gender-Ideologen übrigens auch nicht. Menschen aus anderen Kulturkreisen kümmern sich ihrerseits, so sie denn Gender überhaupt je zur Kenntnis genommen haben, einen Scheißdreck um diese westlichen Sektenideen. Es ist der weiße heterosexuelle Mann, der von den Gender-Ideologen gesellschaftlich wie das eigentliche Gift der Menschheit vorgeführt wird, und an diesem Gesellschaftsspiel beteiligen sich im öffentlichen Diskurs keineswegs nur Frauen, sondern auch viele weiße Hetero-Männer. Nämlich jene Männer, die für sich persönlich Vorteile aus ihrem vorgegaukelten Anti-Maskulismus als „geläuterte", schon jetzt „bessere" Männer herausschlagen wollen. Die homosexuellen Männer sind ohnehin voll im Genderrausch, mindestens deren Verbandsfunktionäre und Lobbyisten.

Wer trägt nun aber die Anti-Mann-Gender-Kampagne? Es handelt sich um eine hauchdünne Minderheit von GenderistInnen, überwiegend Frauen, die höchst effektiv in allen westlichen Parlamenten und Regierungsapparaten, im Kulturbetrieb, in den Geisteswissenschaften und in den Medien früher die Spindoktoren gaben und heute „Lobbyarbeit" auf von ihnen besetzten Schaltpositionen betreiben.

Schon die kleinen etwas „zu" wilden Jungs werden heutzutage in großer Zahl mit Ritalin abgefüllt (so nicht in manchen Fällen die Eltern das Mittel für sich verwenden), während die Mädchen in derselben Zeit aufgebaut und gefördert werden. Mit anderen Worten: Gender ist Psychoterror gegen den Mann, und der beginnt schon bei den ganz kleinen Jungs und dies unter Zuhilfenahme von angefixten Männern, die auf dem Gendertrip Karriere machen wollen. Durch die Abschaffung des Geschlechts in Verbindung mit der

Konstruktion geschlechtsspezifischer Merkmale, die mit krassen Werturteilen besetzt werden - Testosteron gleich Teufel, Östrogen gleich Gott - soll eine Dynamik männlicher Selbstzerstörung und weiblicher Hybris erzeugt werden, wobei Frauen gleichzeitig indoktriniert werden zu empfinden, dass der Verzicht auf Heterosex sie glücklich, selbstbewusst und erfolgreich macht. Tatsächlich wirken im menschlichen Körper Testosteron und Östrogen bei Männern und Frauen gegenläufig verteilt. Inwieweit manche Kampffeministin testosterongesteuert ist, bliebe zu testen. Jedenfalls weiblich-friedfertig ist deren aggressiver Fanatismus bei weitem nicht.

Es geht nicht mehr darum, dass Männerberufe Frauen erschlossen werden, Frauen dürfen jeden Beruf ergreifen, sondern es geht darum den Männern von Geburt an geradezu eine Neigung einzubläuen, sich in klassisch dienende, minderbezahlte ehemalige Frauenberufe hineinzudrängen: Männer zum Windeln wechseln und Breichen anrühren, Männer in die Kinderkrippe, Männer in die Altenpflege, in den Haushalt und in die Putzkolonne. Es geht um die Entwürdigung des sexuell aktiven Mannes und idealtypisch um das In-Gang-Setzen eines **Auto-Enttestosteronisierungsprozesses**, eben um den hodenlosen und wehrlosen Mann.

Wechsel des Geschlechts erwünscht

Beginnend mit frühkindlicher Gendererziehung - das rosa Prinzessinnenkostüm für den kleinen Jungen, das Piratenkostüm für das kleine Mädchen, Jungen in die Puppenecke, Mädchen in die Kampfgruppen und in die Bastelecke, werden die kleinen Kinder verwirrt, denn wie gesagt, es geht nicht darum, ob die Jungs oder Mädchen das wollen, sondern darum, dass sie gezielt über ihr Geschlecht verwirrt werden sollen, Rollen ausprobieren sollen, müssen, die sie empfohlen kriegen. Dazu gibt es „Spiele", die den Kindern bewusst machen sollen, dass sie nicht Mädchen oder Junge, sondern eben einfach nur neutral Menschen sind, „Spiele", die auf eine gespenstische Geschlechtslosigkeit, die geschlechtliche Vielfalt genannt wird, angelegt sind.

Mit der Genderideologie übt eine Kleinstgruppe von Genderideologen, die die Schaltstellen besetzt haben, eine geradezu terroristische Macht über die Bildungsstätten und zunehmend über die Gesellschaft aus. Dazu kommen auf Komplettkonfusionierung angelegte Sexual-„Spielzeuge" wie Puppen mit Geschlechtsteilen, Kuschelecken, in denen angezogen oder nackt, wahllos durcheinander die Kinder im Kindergarten angehalten werden sollen, allerlei aufgepeppte, aufgebohrte „Doktorspiele", die also keine harmlosen Doktorspiele mehr sind – möglichst ohne individuelle Bindung - zu absolvieren.

Kleine Kinder werden gemäß den Bildungsvorgaben in einigen Bundesländern in Deutschland unter Druck gesetzt, sich als schwul oder lesbisch zu outen, bevor sie überhaupt wissen was Sex ist. Bevor die kleinen Jungs eine Erektion und einen Orgasmus erlebt haben, sollen sie sich in Wahrheit minderwertig fühlen, weil sie noch keine Männlichkeit zustande bringen, sich aber schon outen und dies nach Möglichkeit nicht als heterosexuell. Schon die kleinsten Kinder und Jugendlichen werden in eine Gefühls- und Empfindungslage hineingetrieben, dass sie sich einem oder mehreren sozialen Geschlechtern der Genderideologie zugehörig fühlen und lernen, dass sie die verdammte Freiheit haben, sich permanent ein anderes soziales Geschlecht auszusuchen. Wechsel des Geschlechts erwünscht. Nur bitte nicht Junge oder Mädchen sein. Die allgemeinbildenden Einrichtungen werden so zu Gender-Kaderschmieden, die den richtig eingestellten Nachwuchs für die sich dann selbst tragende Gender-Maschinerie liefern. Gender als allgemeine Volksverwirrung, die dann niemand mehr als solche wahrnimmt, weil alle selber verwirrt sind. Das ist das Kernziel der wachsenden Gendersekte.

Wer sind nun die Lehrer, die sich für den Genderwahn hergeben?

An dieser Stelle ein kleiner Exkurs, der sich mit der Person und der Psyche der Genderideologen befasst, die dringend zu einer unabhängigen Supervision müssen. Während sich die Grünen in ihren Pädophilie-Skandalen notgedrungen darauf einlassen mussten, dass sich die grünen Päderasten und pädophilen Straftäter heutzutage nicht mehr strafbefreiend auf die Zauberformel des „einvernehmlichen Sex" zwischen Kindern und Erwachsenen berufen dürfen, weil es, wie die Grünen erst jetzt erkannt haben wollen, ein solches Einvernehmen der Kinder gar nicht gibt, etablieren jetzt dieselben Grünen, parallel und gleichzeitig, in den Kindergärten und Schulen, zum Beispiel im Bundesland Baden Württemberg, einen hoheitlichen Sexualeingriff, bei dem die Kinder gar nicht erst um ihr Einvernehmen gefragt werden. Auch die zuständigen erziehungsberechtigten Eltern werden nicht gefragt, ob sie einverstanden sind.

Die Schulpflicht ist in den meisten Ländern Europas eine gesetzliche Pflicht und diese Pflicht ist erkennbar verfassungskonform, würde man bis vor kurzem gedacht haben. Die Schulpflicht endet, weil sie eben nicht grenzenlos ist, jedoch dort, wo die Inhalte des Unterrichtes nicht mehr von der Verfassung gedeckt sind. Ein Staat zum Beispiel, der seine Kinder mit entsprechenden Pflichten der Eltern der Schulpflicht unterwirft, um die Kleinen zu mordenden Kindersoldaten auszubilden, bricht seine eigene Verfassung, handelt dem allgemeinen Menschenrecht zuwider. Wenn die Kinder morgens lesen und rechnen lernen, ist das ok. Wenn sie abends schießen lernen, ist das nicht mehr ok. Und wenn Kinder in der ersten Stunde lesen und in der zweiten Stunde rechnen lernen und in der dritten Stunden zum vollzogenen oder simulierten wahllosen Genderficken oder Onanieren erzogen werden, um später einmal eine neue Menschenrasse darzustellen, dann ist das Verfassungsbruch, Rechtsbruch.

Noch mal zurück zu den Pädophilen und den Päderasten, die, oh welch Wunder, nicht bei den konservativen sondern bei den grünen Parteien untergeschlüpft sind. Päderasten und pädophile Straftäter oder gefährdete Erwachsene gibt es offenkundig. Schlüpfen die nun ins pädagogische Fach, um den kleinen niedlichen Wesen Gender-Fühl-Unterricht zu geben? Wer sind denn nun die Lehrer, die sich für den Genderwahn hergeben? Welche Qualifikation haben sie? Sind es Männer? Sind es Frauen, die es beide gar nicht mehr geben soll? Warum sind sexuelle Minderheiten tonangebend gegenüber der Mehrheit der heterosexuellen Menschen? Wenn es unter den Erwachsenen, wie gesagt, je nach Statistik 95 oder 98 % heterosexuelle Menschen gibt, dann ist davon auszugehen, dass diese Menschen auch in der noch nicht sexuell aktiven Phase ihrer Kindheit kleine heterosexuelle Menschen waren. Und die Kleinen sollen offenbar so lange – von Amts wegen, hoheitlich – gefragt werden, ob sie auch wirklich heterosexuell sind, bis das eine oder andere Kind aus Gründen kompletter Verwirrung leichte Beute für fremde sexuelle Interessen geworden ist.

Was wollen die Genderisten und wodurch und durch wen sind sie qualifiziert? Haben sie ein Gender-Staatsexamen, und was sind denn nun wohl genau die Lehrinhalte und die Fakten, die in den Genderfakultäten produziert werden?

Sind sexuelle Neigungen von Erwachsenen, die ihr Leben lang mit kleinen Kindern in der Schule herumgendern, für die Beurteilung der Eignung des Lehrpersonals wichtig? In concreto kann man die Frage nicht ernsthaft verneinen. Ein Erdkundelehrer oder eine Deutschlehrerin oder ein Physiklehrer, die ihre sexuelle Neigung regelmäßig nicht mehrfach die Stunde herausposaunen, haben ihre Sexualität, wie jeder andere erwachsene Mensch auch, und das ist gut so, aber in einem Schulunterricht mit Ringelpitz und Anfassen und Vormachen und Zeig mal und Liefer mal Deine Pantomime ab, ist an die Eignung des Lehrpersonals ein ungewöhnlich hoher Maßstab anzulegen. Eine Ideologie, mit der verschwindende Minderheiten nicht nur die Mehrheit, sondern die gesamte Gesellschaft terrorisieren und das unter dem großen Stichwort des Minderheitenschutzes, pervertiert das Recht.

Der Gendermob und die Diskriminierung der Gesellschaft

Da haben sich westliche Gesellschaften, die Massen, mit Revolution und Mord einst vom Adel, der sie unterdrückt hatte, befreit. Heute können die Massen von William und Kate samt ihren Babys den Rand nicht vollkriegen. Das sind gesellschaftliche Schizophrenien, für die es nur untaugliche Erklärungsversuche gibt. Jedenfalls: Es gibt bislang keine schlüssige Erklärung, warum sich in Demokratien, in denen angeblich alles öffentlich ist, eine heterosexuelle Mehrheit derartig dem Joch der Genderisten unterordnet.

Wenn ein 72jährger Nobelpreisträger, der Biochemiker Tim Hunt, in London, wie jetzt geschehen, einfach nur harmlose 39 Wörter über *„mein Problem mit den Mädchen"* sagt, nämlich diese: *„Wenn sie im Labor sind, passieren drei Dinge: Du verliebst dich in sie, sie verlieben sich in dich, und wenn man sie kritisiert, fangen sie an zu* *weinen."* erntet er - und das ist inzwischen die normsetzende Wirklichkeit - einen solchen aggressiven Shitstorm von Möchtegern-Genderisten, dass das University College London, die Royal Society, der er mehr als 20 Jahre angehört hatte und der Europäische Forschungsrat, für den er die Laborarbeit aufgegeben hatte, um für die Sache der Wissenschaft zu werben, den verdienten Wissenschaftler innerhalb von zwei Tagen aus allen Ämtern entfernten.

Das Verwirrende: Die 39 Wörter von Tim Hunt lassen keine Frauenfeindlichkeit, was immer das ist, erkennen. Im Gegenteil, sein Vorschlag eigene Forschungslabors für Frauen zu schaffen, entspricht sogar einem wesentlichen Kern der Genderpolitik, die auf bevorzugte Frauenförderung angelegt ist. Und erwiesenermaßen weinen Frauen statistisch häufiger als Männer, wie entsprechende Studien nahelegen, so dass auch diese Aussage von Hunt Realität und mitnichten Diskriminierung ist. Auch wenn die Öffentlichkeit in diesem Fall ausnahmsweise mal zögerlich zurückzurudern scheint, zeigt der Fall doch, wie durchgegendert die ehrwürdigen Wissenschaftsinstitutionen sind und wie der Gendermob mit höchster Wirkung zuschlägt.

Im selben England wurden, wie im September 2014 bekannt wurde, in der kleinen Stadt Rotherham mehrere tausend 11-18jährige Mädchen aus weißen Familien von sogenannten migrantischen Loverboys systematisch vergewaltigt und zur Prostitution gezwungen. Der Skandal, den auch die Polizei und politische Stellen über fast zwanzig Jahre lang gedeckt hatten, kam dank eines mutigen Journalisten endlich unübersehbar zutage. Doch die Gesellschaft vom kleinsten Bürger bis zur Queen schwieg, von einem kleinen Strohfeuerskandal abgesehen. Wer die Fälle Tim Hunt und den Fall Rotherham, in dem die Täter verschont blieben, nebeneinander als zwei Phänomene betrachtet, die quasi zur selben Zeit passierten, erkennt in den gesellschaftlichen Schizophrenien immerhin ein Schema:

Polizei und Behörden in Rotherham sind vor allem nicht eingeschritten, weil sie sich keinen Shitstorm in Gestalt eines gigantischen Rassismusvorwurfes in Hinblick auf die migrantischen Täter einfangen wollten. Dagegen war im Fall Tim Hunt der „Täter" angesichts seiner 39 Wörter schnell ausgemacht und handfest kaltgestellt. Es war eben ein weißer Mann und dann noch aus der Elite. Die Genderisten arbeiten nicht nur mit ihrer Theorie von den unendlich vielen Geschlechtern, sondern sie arbeiten eben auch mit dem Kampfbegriff der Diskriminierung und zwar folgerichtig wegen der behaupteten Diskriminierung der 4174 Geschlechter oder wegen eines angeblich falschen Wortes.

Nur der Diskriminierung namens Rassismus beugen sich die Genderisten oft sehr feige. Das zeigt ein aktuelles Beispiel aus Paris.

In Paris trumpft aktuell eine staatlich alimentierte Künstlergruppe mit einem riesigen Wandstraßenbild auf, auf dem der Imperativ steht, dass die französischen Frauen den afrikanischen Flüchtlingen sexuell zur Verfügung zu stehen hätten. „Die Französinnen den Afrikanern" („Les Françaises aux africains") steht dort in großen Lettern. Vom profunden Rassismus der Künstler, die auf dem Anti-Rassismus-Ticket reisen, abgesehen, fällt auf, dass die Genderisten vor dem menschenverachtenden Rassismus der sogenannten Künstler ebenso einknicken, wie vor dem angedeuteten Testosteronstau der männlichen Afrikaner, der auf dem Bild angesprochen ist. Die sexuell ausgehungerten männlichen Flüchtlinge, wie es jetzt vielerorts heißt, bräuchten dringend die weißen Frauen, die sich, um die

Flüchtlinge nicht zu diskriminieren, auch zur Verfügung zu stellen hätten. Das sind laut vertretene Einzelmeinungen, die von der Gendermaschinerie in Ruhe gelassen werden, obwohl der Grundgedanke jedem Gendervertreter ein Gräuel ist.

Verantwortlich für das Wandbild, das als „Urban Art" verkauft wird, ist eine Gruppe von Künstlern, die seit Jahren 17.000 Euro im Jahr vonseiten der Stadt Paris kassiert und die zudem u.a. durch das Centre Pompidou unterstützt wird. Aber hier bleibt der Shitstorm aus. Weil das Plakat zu wenig sexistisch und frauenverachtend ist? Sicher nicht.

A propos Diskriminierung. Wer diskriminiert wen?

Wer diskriminiert wen? Gute Frage, denn da gibt es eine klare Hackordnung in den Genderköpfen. Der weiße Heteromann diskriminiert die Frau. Die Heteropaare diskriminieren in den wirren Vorstellungen der Genderleute mit ihrer bloßen Existenz die Lesben und die Schwulen (Homophobie). Und die Hetero-Familie mit eigenen Kindern diskriminieren alles, was nicht niet-und nagelfest ist: Patchworker, Alleinerzieher und die 60 Geschlechter, die Facebook aufzählt, und natürlich auch alle nicht aufgezählten Geschlechter, von denen niemand genau weiß, ob es überhaupt einen einzigen Menschen gibt, der sich dem konkreten Geschlecht zugehörig erklärt.

Das paranoide Genderkonstrukt, das vor allem eine einzige Heterophobie ist, aus welchen näher zu untersuchenden Gründen auch immer, ist so verrückt und erkennbar so weit neben der Realität, dass die Gesellschaften auch nach Jahren noch in einer Art Schockstarre verharren.

Im Moment ist die Einführung der Homo-Ehe ins Recht en vogue. Das allerdings ist intellektuell und logisch ein in Wahrheit heterophober Irrläufer. Der Begriff Ehe ist eindeutig. Ehe ist die rechtliche Verbindung zwischen einer Frau und einem Mann. Die Homosexuellen legen großen Wert darauf wegen einer Sache, die üblicherweise Privatsache/Intimsache ist und niemanden etwas angeht und niemanden interessiert, nämlich wegen ihrer sexuellen Vorliebe auf das gleiche Geschlecht gerichtet, anders zu sein, etwas Eigenes zu sein, in Abgrenzung von den Heterosexuellen.

Warum nicht die verrechtlichte Verbindung Homosexueller durch dieselben Gesetze, die die Ehe definieren– von Besonderheiten Kinder betreffend vielleicht abgesehen – regeln, sie aber aus der Sache heraus geboten anders nennen? Eheregelungen machen eine Homo-Verbindung dann zwar gleichwertig, aber sie machen eine Homo-Verbindung nicht zur Ehe. Hier geht es um eine Frage der Semantik und nicht um die reklamierte, angeblich fehlenden Gleichberechtigung oder der angeblich vorhandenen Diskriminierung. Die verrechtliche Verbindung zweier homosexueller Menschen könnte man in Abgrenzung zur Ehe zum Beispiel Ahe oder Eha oder sonstwie nennen und die bestehenden Ehegesetze in Ehe- oder Ahe-Gesetze ändern, ohne am Wortlaut etwas zu ändern.

Die Forderung nach einer „Homo-Ehe" mit dem Wort „Ehe", das aber klar definiert ist, hat dagegen etwas Übergriffiges und richtet sich letzten Endes im Tieferen gegen die Heterosexualität, die schon einmal relativiert werden soll.

So wie die Homosexuellen in Abgrenzung eine eigene Identität reklamieren, haben auch die Heterosexuellen, auch wenn diese durch keinen Verband und keine Lobby und niemanden reklamiert wird, ihre eigene Identität, die nicht durch eine andere Gruppe umdefiniert oder für sich reklamiert werden kann. So wie es zwei Ausdrücke für die sexuellen Vorlieben gibt, nämlich „heterosexuell" und „homosexuell", muss es ganz selbstverständlich auch zwei Begriffe für die rechtlich identische Verbindung geben, dies gilt jedenfalls angesichts der Tatsache, dass es für die Heteroverbindung und ausschließlich für diese in allen Staaten und allen Religionen den Namen Ehe gibt.

Warum also nicht „Ahe" oder „Eha" oder „Rosa" oder wie es euch gefällt. Es kann auch nicht „Homo-Ehe" und „Hetero-Ehe" heißen, denn die Ehe ist bereits hetero und das seit die Menschheit besteht. Der Begriff Ehe ist nicht frei, er steht nicht zur Verfügung. Entsprechendes gilt für das Wort „heiraten" und das Wort „Hochzeit". Auch diese Begriffe haben eine definierte Bedeutung, sie sind heterosexuell konnotiert. Und es ist mitnichten diskriminierend, wenn sich die Homosexuellen eigene Wörter, Namen suchen für ihre Verbindung, die rechtlich identisch ausgestaltet werden könnte, was nicht das Problem wäre. Warum fühlen sich viele Heterosexuelle auf den Schlips getreten, wenn die Homosexuellen ihre Verbindung „Ehe" nennen wollen? Ganz einfach, weil sie für ihre heterosexuelle Verbindung das tradierte Wort gefunden haben, mit dem sie sich identifizieren.

Die Homosexuellen würden sich dagegen verwahren, wenn die Heterosexuellen umgekehrt in ihre Sphäre eindringen würden. Jedenfalls hat die Forderung nach der „Ehe für alle" keine Grundlage im Antidiskriminierungsgedanken oder im Gedanken der rechtlichen Gleichstellung.

Wie viele schwule Paare, wie viele lesbische Paare werden mittelfristig, langfristig den Weg gehen ihre Beziehung so zu verrechtlichen, wie es Heteropaare klassisch tun, von denen allerdings immer weniger zum Standesamt gehen?

Wie durchgegendert die Medien jedoch inzwischen funktionieren, hat gerade die Presse in Österreich vorgeführt. Das Parlament hat mit einer großen Allparteienmehrheit einen Antrag der Grünen auf Implementierung der Ehe für alle, also der Homo-Ehe, abgelehnt. Die Medien haben diese Ohrfeige jedoch mit Schweigen quittiert.

Kritik an Gender wird unterdrückt

Tatsächlich sind es die Genderisten, die die Menschen und die komplette Gesellschaft diskriminieren und diskreditieren: Mit staatlicher Macht, mit staatlichem Geld und mit einer beinahe 100 %igen Medienmacht ausgestattet gehen die Genderleute auf ihre Kritiker los. Beispiel: Eltern, die ihre Kinder mit dem Grundgesetz auf ihrer Seite davor schützen möchten, dass sie in der Schule gleich in allen Fächern, inklusive Mathematik, Physik, Chemie usw. kaputt gegendert werden, sind die Vollidioten. Sie werden als Fundamentalisten, Familienfetischisten, Schwulophobe, ewig Gestrige, fanatische Christen vorgeführt. Deren Protest wird mit allen Mitteln, auch mit den Mitteln staatlicher Gewalt und mit Hilfe von linken Terroristen, die sich Antifa nennen, unterdrückt.

Unter dem Stichwort „Gender", Unterpunkt „Kritik" bei Wikipedia gibt es keine Kritik. Kein einziger Kritiker wird genannt, geschweige denn zitiert. Stattdessen kommt die globale Chef-Genderistin Judith Butler sozusagen als „Kritikerin" zu Wort, nämlich dahingehend, dass Gender, so wie es bisher praktiziert wird, noch nicht weit genug gehe. Des weiteren wird der Fall von David Reimer, sprich das katastrophal fehlgeschlagene Menschenexperiment des Ur-Genderisten John Money diskursiv erzählt und lapidar als gescheitert bezeichnet, allerdings unter Betonung, dass John Money selber sein Experiment, das 2004 mit dem Selbstmord des auf Moneys Veranlassung im Kleinkindalter kastrierten David Reimer endete, für geglückt hielt. Unter dem Stichwort „Kritik" wird dann noch der ewige Sexologe und deutsche Lokalmatador der Genderei, Gunter Schmidt genannt, der nebulös auf einen anderen, nach seiner Meinung geglückten Fall einer Geschlechtsumwandlung Mann zu Frau hinweist und im Grundsatz John Money recht gibt. Eine wirklich sonderbare Ausdeutung des Begriffes Kritik.

Die Autorin, die 2005 in einem Artikel auf Cicero online aufdeckte, dass auch die radikale Feministin Alice Schwarzer das Menschenexperiment David Reimer (Kastration im Kleinkindalter, organisierte und hormonell begleitete Umerziehung zu einem Mädchen) bereits 1975 in ihrem Hauptbuch „Der kleine Unterschied" bejubelt hatte und deshalb lange Zeit als Kritikerin bei Wikipedia aufgeführt wurde, ist im Hinblick auf die Konsequenz ihrer Kritik aus dem Wikipedia-Beitrag entfernt worden.

Auch unter dem Stichwort Gender Mainstreaming wurde die Autorin als erste Kritikerin des Gender-Mainstreaming-Wahns gelöscht. Stattdessen werden dort noch Volker Zastrow und Rene Pfister genannt, deren Artikel aus den Jahren 2006 und 2007 jedoch auf den Recherchen und drei Artikeln über Gender Mainstreaming der Autorin aus dem Jahr 2005 basierten, was Zastrow mit seinem Hinweis auf die Autorin in seinem Kritiktext auch bestätigt. Aber auch Zastrow und Pfister werden in dem entsprechenden Wikipedia-Eintrag als „Kritiker" kritisiert und marginalisiert, so dass nichts übrig bleibt. Andere namhafte Kritiker wie Gerhard Amendt oder Birgit Kelle werden gar nicht erwähnt.

Das Ganze ist ein Wikipedia-Skandal eigener Art, der beweist, wie weit die Genderideologie durchgedrungen ist. Eine Reflexion der Ideologie ist im öffentlichen Raum nicht mehr möglich, sie wird verunmöglicht.

Gender ist unsichtbar und allgegenwärtig zugleich

Gender taumelt im Siegesrausch. Die Genderisten diskriminieren alle, die nicht aktiv mitgendern. Sie diskriminieren die erdrückende Mehrheit der Heterosexuellen. Sie diskriminieren den zeugungsfähigen weißen Mann und segeln dabei immer noch selber auf dem Diskriminierungsticket und dies mit der Behauptung, dass die Genderideologen von der längst besiegten Mehrheit immer noch diskriminiert würden und demzufolge einen heldenhaften Antidiskriminierungskampf zu Gunsten sexueller Minderheiten zu führen hätten.

In der Defensive sind also nicht diejenigen, die Absurditäten hoheitlich durchsetzen wollen, sondern diejenigen, die sich der Durchsetzung widersetzen oder sie kritisch argumentativ betrachten. Wie wichtig das Thema Gender ist, zeigt aktuell der grüne Ministerpräsident Winfried Kretschmann in Baden Württemberg, der Gender zur Chefsache gemacht hat, ganz so, als wenn es in der Bundesrepublik Deutschland keine anderen Probleme gäbe. Gender wird verbissen und gnadenlos, ohne jede Distanz und mit absoluter Humorlosigkeit durchgepeitscht. Und Gender wird auch in der Wirtschaft durchgesetzt und im Staatsapparat selber. Überall wird gequotet und überall werden Männer, weiße Männer im zeugungsfähigen und beruflich aktiven Alter diskriminiert. Deren Diskriminierung wird allerdings artifiziell als gewollt und als ausgleichende Gerechtigkeit gegen 20.000 Jahre Unterdrückung der Frau verkauft. Die lächerliche Seite der Genderei wird gleichwohl mit verbissenem Ernst betrieben. Wahrscheinlich werden demnächst viele Millionen Ampeln in Europa für viele Millionen Euro gegendert, und dergleichen üble Scherze gibt es viele.

Wie bei allen Fanatikern reagieren auch die Genderisten mimosenhaft auf jede Kritik und sie empfinden es gar als Diskriminierung ihrer selbst, wenn sie einem Hetero-Menschen, Mann oder Frau, begegnen, die sich schlicht und ergreifend für den Genderquatsch nicht interessieren. Bereits dieses Desinteresse sei Diskriminierung. Die Genderideologen verlangen also de facto, dass jeder Mensch aktiv sagt oder noch besser ausdrückt: Euer Schwachsinn ist toll.

Und doch ist es merkwürdig mit den Genderisten: Gender ist auf eine gespenstische Art unsichtbar und allgegenwärtig zugleich. Auch die Protagonisten der Ideologie sind unsichtbar. Klar, es gibt ein paar Ikonen wie Judith Butler und ein paar ProfessorX-Gesichter, die mit irgendwelchen Ungeheuerlichkeiten in die Medien kommen und wieder verschwinden. Und natürlich gibt es Gleichstellungsbeauftragte usw. und es gibt vor allem horrende Milliardenbeträge jedes Jahr, die in Europa in den Sand gegendert werden. Aber weil Gender intellektuell unvermittelbar ist, bleibt es bei stoßgebetartig verbreiteten Textbausteinen. Es soll eben unter allen Umständen vermieden werden, dass die Menschen erfahren, worum es geht und Gender damit zur Implosion verurteilt wäre.

Die Genderideologie ist ein Pudding, die sich nicht an die Wand nageln lässt

Genders kommen gern, wenn sie sich in die Ecke gedrängt fühlen, mit dem Argument, dass jedes 3000ste oder 300.000ste oder 3 Millionste Kind mit nicht eindeutig männlichen oder weiblichen Geschlechtsmerkmalen geboren würde. Daraus überhaupt eine Ideologie zu machen, ist schon ziemlich pervers. Über die XX und XY-Chromosenlage dieser Kinder schweigen sich die Genderisten wohlweislich aus. Mit den Statistiken, die es zum Thema Gender gibt, kann man samt und sonders nichts anfangen und auch bei den Kindern, die angeblich oder tatsächlich mit nicht eindeutigen Geschlechtsmerkmalen geboren werden, ist ja auch noch der Grad der Uneindeutigkeit von entscheidender Bedeutung.

Eins steht fest: Diskutieren kann man mit Genderfanatikern nicht. Sie wähnen sich im Besitz göttlicher Weisheiten und haben, wenn's zur Sache geht, nichts auf der Pfanne. Nichts eben, außer der Diskriminierung, der Diffamierung und einem Wust von Behauptungen. Klar, kann man behaupten, dass ein schwuler Mann ein anderes Geschlecht hätte als ein Hetero-Mann oder ein anderes Geschlecht wäre, aber mit einer derartig sinnlosen Behauptung und der Gegenbehauptung ist das Gespräch dann auch schon zu Ende. Entsprechend heftig, siehe den Fall Tim Hunt in London, fallen alle Shitstorms der Genderisten aus. Wer intellektuell nichts anzubieten hat, muss eben zur Aggression und zur Diffamierung greifen. Und der gigantische Erfolg nach außen einigt die Genderisten, die mittuenden Heteros, die Lesben, die Schwulen und die Feministen und Feministinnen nach innen.

Ein Blick in die noch junge, aber grauenhaft erfolgreiche Geschichte der Genderei lohnt an dieser Stelle. Beispiel Europa. Weder von den heute 507 Millionen EU-Bürgern noch von den nationalen Regierungen der EU-Länder wusste vor 15 Jahren irgendjemand, was „Gender" ist, noch kannte irgendjemand die Worthülse „Gender" oder den Begriff „Gender Mainstreaming". Wer sich einmal etymologisch mit dem aus dem Englischen stammenden Wort „Gender" befasst hat, stellt fest, dass viel heiße Luft produziert wird, um dieses Wort, das objektiv sinnlos ist, mit Leben oder gar mit irgendeinem Sinn zu erfüllen, um bereits vermittels des Begriffes die Realität zu verbiegen und um, höchst artifiziell, überhaupt irgendeinen Anwendungsbereich generieren zu können.

Als seit 1999 (Amsterdamer Vertrag 1.Mai 1999) und sukzessive dann bis 2008 (Verabschiedung des Vertrages von Lissabon Art. 8) das Gender-Unrecht in mehreren Handstreichen von oben in das EU-Recht implementiert wurde, waren weder das Europa-Parlament noch die Eurokraten auf das dicke Kuckucksei „Gender" vorbereitet. Ohne mehrheitlich zu wissen, was Sache ist und was die Folgen sein könnten, wurde Gender derart in das EU-Recht eingewoben, dass die Nationalstaaten ohne Wenn und Aber Gender nach unten in das nationale Recht durchstechen mussten. Doch bei dieser Durchstecherei blieben und bleiben Logik, Vernunft und Verhältnismäßigkeit auf der Strecke.

Alle Gewalt geht vom europäischen Volke aus. In Sachen Gender geht alle Gewalt von oben gegen das Volk unten aus. Die für dumm verkauften Bürger Europas haben zu keinem Zeitpunkt je über die kulturrevolutionäre Änderung der europäischen Rechtsordnungen durch Gender irgendetwas Brauchbares, geschweige denn vollumfänglich Verständliches erfahren noch je demokratisch über Gender abgestimmt. Und das ist umso misslicher als die Genderideologie ein Haufen von intellektuellen Puddingen ist, von denen man keinen einzigen an der Wand festnageln kann. Das Zeugs schleimt und sintert an der Wand runter und in die Poren hinein und ist darauf angelegt nicht fassbar zu sein.

Die Dracula-Norm

Die Genderideologie arbeitet mit einem furchtbaren Trick, sie basiert auf diesem Trick. Exemplarisch lässt sich dieser Trick schon mit der Änderung des deutschen Grundgesetzes in 1994 im Vorfeld des Gender-Tsunami erklären. Bis 1994 war in Art.3 GG der deutschen Verfassung im Rahmen des Grundrechtekatalogs die allgemein verständliche und akzeptierte Gleichberechtigung von Mann und Frau festgeschrieben. Das reichte dem deutschen Verfassungsgeber, also einer Zweidrittelmehrheit in beiden Parlamentskammern plötzlich nicht mehr. Nein, der Verfassungsstaat wurde anmaßend und man könnte bildhaft sagen, er wurde gierig nach den Seelen der Menschen und deren Blut und deren Geschlecht und deren Sex.

Da heißt es nämlich, seit 1994 zusätzlich eingefügt in Artikel 3,2 der deutschen Verfassung:

(1) Alle Menschen sind vor dem Gesetz gleich.

(2) Männer und Frauen sind gleichberechtigt. *Der Staat fördert die tatsächliche Durchsetzung der Gleichberechtigung von Frauen und Männern und wirkt auf die Beseitigung bestehender Nachteile hin.*

(3) Niemand darf wegen seines Geschlechtes, seiner Abstammung, seiner Rasse, seiner Sprache, seiner Heimat und Herkunft, seines

Glaubens, seiner religiösen oder politischen Anschauungen benachteiligt oder bevorzugt werden. Niemand darf wegen seiner Behinderung benachteiligt werden.

In Wahrheit ist die Änderung der deutschen Verfassung von 1994 eine Dracula-Norm. Denn mit der verfassungsrangig gewordenen Unterstellung, dass Mann und Frau in der Lebenswirklichkeit nicht gleichberechtigt wären und ad infinitum auch nie gleichberechtigt werden könnten, genehmigte sich der Staat das unbegrenzte und auch zeitlich unbeschränkte, undefinierte, allumfassende Willkürrecht, nach seinem Gutdünken das gesamte Leben aller Menschen in Deutschland von morgens bis abends, bis in die Betten und in die Unterhosen hinein diktatorisch zu reglementieren. Und zwar hoheitlich von oben dahingehend, dass die tatsächliche Gleichheit von Mann und Frau mit allen Mitteln durchgesetzt werden müsste, auch wenn diese Gleichberechtigung nicht nur de jure, sondern auch de facto längst besteht.

Jeder weiß, dass Frauen gegenüber Männern in Staat und Gesellschaft längst privilegiert sind, von kleinsten, noch vergessenen und ganz nebensächlichen, tradierten Benachteiligungen abgesehen. Eine solche Benachteiligung fällt einem auf Anhieb nicht ein, aber es mag sie versteckt irgendwo geben. Das ewige Gerede von den immer noch bestehenden Lohnunterschieden bei gleicher Qualifikation ist empirisch nicht zu beweisen. Irgendwelche Einzelbeispiele sind absolut irrelevant. Auch hier gilt, dass Frauen im Beruf längst bevorzugt werden, was man bei den Stellenausschreibungen aller mittleren und großen Firmen überall nachlesen kann. Frauen, Migranten und Behinderte bevorzugt, steht dort explizit. Weiße Männer bei gleicher Qualifikation bitte hinten anstellen. Auch die Schwulen haben längst Break Even erreicht. Der Antidiskriminierungswahn hat sich von der Realität schon lange sehr weit entfernt.

Tatsächlich hat sich der Staat in Art. 3.2 einen wahnhaften missionarischen Auftrag gegeben, der von allzu vielen Genderideologen, die sich auf Schlüsselpositionen drängen, missbräuchlich ausgenutzt wird.

Der diskriminierte weiße Mann

Der weiße Hetero-Mann und das heißt hier jeder einzelne weiße Mann und weiße Junge werden behandelt, als wären sie nicht diskriminierungsfähig, nicht diskriminierbar. Der weiße Hetero-Mann ist geradezu die Eichgröße des einzigen nicht diskriminierten Menschen. Die Antidiskriminierungsgesetze, die es in allen westlichen Ländern gibt und die dort geltenden, parallel laufenden Gendergesetze dienen dem Zweck alle Menschen auf das Maß der Nicht-Diskriminiertheit des weißen Hetero-Mannes quasi nach oben heranzuführen.

Da der weiße Hetero-Mann in dem wahnhaften Weltbild der selbstverliebten und selbstüberzogenen Antidiskriminierungskämpfer in seiner Person vor allem der oberste Diskriminierer wäre, also der nicht diskriminierbare Diskriminierer, erschließen sich die Mechanismen, die immer und überall auf immer die gleiche Weise ablaufen: Aus dem Kampf gegen immer neue behauptete, oft frei erfundene Diskriminierungen einzelner Gruppen wurde von Anbeginn eine aggressive kampfartige Diskriminierung des weißen Mannes. Aus der Forderung nach Gleichbehandlung wurde die Forderung nach Entrechtung des weißen Mannes und nach Wiedergutmachung dessen 20 000.jähriger Raubherrschaft, die als eiserne Tatsache die Geschäftsgrundlage der Genderei und der Antidiskriminierei ist.

Der weiße Mann ist von Geburt an bemakelt und der Makel macht noch einmal einen Orbitalsprung, wenn der weiße Mann in die Pubertät kommt und einen weiteren Orbitalsprung, wenn er sich als hetereosexuell entpuppt. So ist auch aus der Schwulendiskriminierung per Saldo in der Realität längst eine Schwulenprivilegierung geworden, was wiederum nicht bedeutet, dass es im Einzelnen noch überkommene Benachteiligungen eher nebensächlicher Art geben mag. Fakt ist: Der Schwule und auch die Frauen leben im Westen diskriminierungsfreier und privilegierter als sonst irgendwo auf der Welt, hören aber nicht auf sich am weißen Mann, der eine wesentliche Säule des Westens ist, abzuarbeiten.

Der angeblich diskriminierende und selber angeblich nicht diskriminierbare weiße Hetero-Mann wird allerdings irrtümlich für unkaputtbar gehalten und doch ist der weiße Hetero-Mann schon längst ein gerupfter Hahn und schon lange in die Defensive geraten und im Rückzug begriffen. So ist der weiße Hetero-Mann einerseits als bemakelter Mensch für Frauen weniger attraktiv geworden und zum anderen als ein Mann mit schon geschrumpftem Hoden auch sexuell weniger verlockend. Und da durch geschmälerte Berufschancen auch sein Portemonnaie schon schmaler geworden ist, ist die allgemein beklagte Versingelung der Gesellschaft und der noch mehr beklagte Rückgang der Geburtenrate, die beide multikausale Ursachen haben, durch den Gender-und Antidiskriminierungswahn begünstigt.

Zur verhassten Männlichkeit, die es ja gerade wegzugendern gilt und die de facto wegdiskriminiert wird, gehört es, dass die meisten Männer ihren Frust, ihren Untergang, ihre zunehmende Chancenlosigkeit unterdrücken, verdrängen und vor allem leugnen. Das ist gewiss eine Methode nicht zu schnell unterzugehen, zumal ach-und wehklagende Männer sofort verloren hätten – auf weinende Männer warten die Feministinnen geradezu, um sie noch weiter umzuziehen – aber diese Methode der Verzögerung des ja schon mancher Orts frohlockend propagierten „Ende des weißen Mannes", reicht nicht, um den weißen Mann aus der Diskriminierungsfalle herauszuholen. Zuviel Frust lässt sich nicht einfach negieren.

Sehr sehr viele Männer tragen längst Blessuren mit sich herum, die sie irrig für selbst zu vertreten erachten. Jeder ist seines Glückes Schmied, in diesem Sinne muss jeder sein Schicksal selber in die Hand nehmen, aber den meisten Männern ist nicht bewusst, dass das Genderschicksal nicht auf ihrer Seite ist und dass viele Verletzungen von außen durch das Kombi-System der Antidiskriminierungsgesetze und der Gendergesetze verursacht sind und zwar in dem Sinne verursacht, dass die gesamte Gesellschaft ein gutes Stück weit bereits gegen den weißen Hetero-Mann aufgehetzt ist, inklusive der individuellen eigenen Partnerin, Freundin, Mutter, Schwester, Tochter, Nachbarin, Lehrerin, Arbeitskollegin, Chefin usw. In fast jedem beruflichen oder privaten Wettkampf oder Streit schleppt der weiße Hetero-Mann ein unerkanntes, mehr noch bestrittenes, Handicap mit sich herum: seine Chancen sind minimiert und schwinden weiter. Er ist leicht der Sündenbock, die Waage dreht sich schnell zu seinen Lasten, er ist vorverurteilt. Männchen machen ist allerdings keine Alternative.

Fakt ist, dass die Dynamik der Zerstörung des weißen Manns die Gesellschaft längst erfasst hat: Frauen und Männer finden aufgrund der falschen psychosozialen Indoktrination, falscher Weichenstellungen, falscher Imperative, falscher Werturteile, falscher „Erkenntnisse", falscher Rücksichtnahmen und nicht selten geradezu erfundener Schuldzuweisungen immer schwerer zueinander, Singlegesellschaften werden begünstigt, Streitigkeiten, Missverständnisse und Trennungen beschleunigt, und Kinder werden immer weniger gezeugt und erst recht nicht mehr in einer stabilen Paarbeziehung erzogen.

Urquell des Genderismus ist der Radikalfeminismus

Hier offenbart sich der Urquell des Genderismus, der Radikalfeminismus. Die meisten Menschen glauben, dass der Feminismus die Gesellschaft seit Jahrzehnten positiv verändert hätte, aber im Prinzip vorbei wäre, sich überholt hätte, alt, grau, latzhosenfarben, lästig und neuerdings gar „ekelhaft" sei. Jede neue Generation von in der Öffentlichkeit stehenden Frauen, von Bascha Mika über Charlotte Roche oder gar die frühere Familienministerin Christina Schröder äußert sich gelegentlich (meistens aber nur einmal im Leben) abfällig und lässig über Alice Schwarzer, als ob diese als Person und gar deren Feminismus einfach nur kalter Kaffee sei. Die meisten Menschen widmen dem Feminismus keine große Aufmerksamkeit mehr. Deshalb ist die Gesellschaft der neuen Welle des Radikalfeminismus nach wie vor völlig unvorbereitet ausgeliefert.

Und: Es gibt praktisch keine ernst zu nehmende Gegenwehr der Männer. Im Gegenteil, die Männer steigern sich immer mehr in eine gespenstische Einsicht, das eigentlich fiese Geschlecht zu sein hinein und bemühen sich auf eine geradezu weibische Art, die besseren und die besten Männer zu sein, die es je gab. Einerseits soll der heutige Mann weiterhin im Beruf erfolgreich funktionieren und am besten Spitzenverdiener sein, andererseits soll er auch mehr Freizeit haben, damit er zuhause den Superpapi und Superhaushaltshelfer geben kann, der für alles bereits zu stehen hat. Die sogenannte Doppelbelastung, früher oft von Frauen beklagt, ist längst eine Domäne der Männer geworden. Dafür bekommt der heutige Mann natürlich seine kleine Fußball-Ecke, wo er auch ein Bier trinken darf, wo er sich auch ein bisschen männlich austoben darf, für eine begrenzte Zeit.

Indes müssen Männer heute aufpassen, dass sie nicht gänzlich in die Genderfalle laufen. Und Frauen müssen auf ihre Männer und ihre Söhne aufpassen und darauf, dass sie selber auf dem Boden der Realität der Zweigeschlechtlichkeit stehen bleiben und nicht in weiblicher Überschätzung, die ihnen von der Gendergesellschaft angeboten wird, ersticken. Frauen müssen aufpassen, dass sie nicht selber an das Märchen glauben, dass Frauen die moralisch besseren Menschen wären oder gar, dass Frauen eigentlich alles besser könnten. Frauen müssen aufpassen, dass sie nicht auf dem Teppich aus Selbsterhöhung ausrutschen und umgekehrt die Leistungen der Männer in der Gesellschaft unterschätzen. Und Frauen müssen erkennen, dass ihre eigenen Männer und Söhne, egal wie diese individuell sind, zurzeit zu der angegriffenen und bedrohten Spezies gehören und diesen Dauerbeschuss auch bemerken und darunter leiden.

Den homosexuellen Männern wird ein Nischendasein nützlicher Idioten eingeräumt. Sie sollen als klassisch unterdrückte Minderheit auch dort, wo sie längst nicht mehr unterdrückt sind, mitgendern, ohne den Feministinnen zu nahe zu kommen. Noch dürfen sie sich mit ihrem Testosteron notfalls untereinander vergnügen und sie dürfen mittun bei der Hetzjagd gegen den Heterosexualismus. Insofern müssen auch die Schwulen aufpassen, dass sie sich nicht zu willfährigen Werkzeugen gegen jede Männlichkeit, und letztlich auch die eigene, machen lassen. Ähnliches gilt auch für die anderen tatsächlich oder gefühlten klitzekleinen sexuellen Minderheiten, die sich ein bisschen austoben dürfen, die aber in Wahrheit nicht gemeint sind und um die sich die Genderisten ansonsten auch nicht scheren.

Das Aktionsbündnis aus Schwulen, Lesben, Transsexuellen und Radikalfeministen ist in Wahrheit ein Bündnis widerstrebender Interessen, das in der Abwehr eines gefühlten, gemeinsamen Feindes zusammenfindet.

Die eigentlichen Machthaberinnen, die Radikalfeministinnen, die oft ein verkapptes Singledasein leben, ein meist asexuelles Leben führen und in ideologischen Freundes-Partei-Vereins-Zirkeln verkehren, haben mit der Genderideologie, die sie mit Geld, Macht, Ämtern und exklusiven Chancen ausstattet, in ihrem Kampf gegen den Mann ihr Werkzeug gefunden und sind dabei, den Durchmarsch durch die westlichen Gesellschaft zu gewinnen. Diese Genderideologen und Ideologinnen „befreien" nun mit ihrer Forschung, mit ihren Thesen, Veröffentlichungen, mit ihren Verordnungen, Richtlinien, Bildungsplänen, Kindergartenindoktrinationen, und immer mit sehr viel Geld vom Staat ausgestattet, die dumme Menschheit von ihrer dummen Mann-Frau-Familien-Vergangenheit und führen diese Menschheit jetzt zum wahren Paradies: Zu einer hodenlosen, geschlechtslosen Gesellschaft, in der es noch ein paar Männchen für absolute Drecksarbeit geben mag und ein paar Zuchtbullen für die Samenbanken, bei denen sich Frauen nach Designergesichtspunkten bedienen können.

Die Genderideologie ist eine atheistische Erlösungsreligion

Korrekterweise muss man die Genderideologie also wohl als eine atheistische Erlösungsreligion feministischer Provenienz begreifen. Das Ziel: Die „Befreiung" der Menschheit vom Mann, ohne den die Welt eine bessere wäre. Und mit religiösem Eifer und Geifer gehen die Genderisten ja auch ans Werk und gegen jeden vor, der ihre Genderkreise stört. Gnadenlos, menschenverachtend und alle

Evidenzen ignorierend steigern sich die Genderisten in ihren Geschlechterwahn hinein.

Und dennoch gilt: All das wäre nicht weiter tragisch, wenn nicht seit wenigen Jahren ein paar Genderlobbyisten und Funktionäre die Herrschaft in der Gesellschaft übernommen hätten und als kleine Minderheit die krass überwiegende Mehrheit mit ihrem abwegigen Menschenbild tyrannisieren würden. Und wenn sich nicht die angefixten Regierungen in Europa und im gesamten Westen, egal ob konservativ, sozialdemokratisch, links oder liberal, teils opportunistisch, teils voll infiziert, selbst an die Spitze des Genderwahns gestellt hätten.

Quatschvokabeln wie „soziales Geschlecht" beherrschen den Genderdiskurs. Wer über Gender mitreden will, muss sich wohl oder übel auf das niveaulose und kryptische Formulierungsniveau der Genderideologen herablassen. Die Genderidiotie, um die es sich tatsächlich handelt, kennt Unmengen von sogenannten sozialen Geschlechtern. Derzeit sind von den „Genderforschern" bereits 60 soziale Geschlechter „entdeckt" worden. Beinahe täglich kommen neue Geschlechter hinzu. Und Conchita Wurst ist nach dieser Lesart eigentlich ein eigenes Geschlecht, gar eines mit Bart. Die sechzig Geschlechter die Facebook nun auch in Deutschland zur Auswahl anbietet:

- androgyner Mensch
- androgyn
- bigender
- weiblich
- Frau zu Mann (FzM)
- gender variabel

- genderqueer
- intersexuell (auch inter*)
- männlich
- Mann zu Frau (MzF)
- weder noch
- geschlechtslos
- nicht-binär
- weitere
- Pangender, Pangeschlecht
- trans
- transweiblich
- transmännlich
- Transmann
- Transmensch
- Transfrau
- trans*
- trans* weiblich
- trans* männlich
- Trans* Mann
- Trans* Mensch
- Trans* Frau
- transfeminin
- Transgender
- transgender weiblich
- transgender männlich
- Transgender Mann
- Transgender Mensch
- Transgender Frau
- transmaskulin
- transsexuell
- weiblich-transsexuell

- männlich-transsexuell
- transsexueller Mann
- transsexuelle Person
- transsexuelle Frau
- Inter*
- Inter* weiblich
- Inter* männlich
- Inter* Mann
- Inter* Frau
- Inter* Mensch
- intergender
- intergeschlechtlich
- zweigeschlechtlich
- Zwitter
- Hermaphrodit
- Two Spirit drittes Geschlecht
- Viertes Geschlecht
- XY-Frau
- Butch
- Femme
- Drag
- Transvestit
- Cross-Gender

Die Frage stellt sich allerdings, warum die Genderisten überhaupt von „Geschlecht" sprechen. Was heißt jetzt eigentlich Geschlecht? Denn es handelt es sich ja eigentlich nur um sexuelle Vorlieben oder Vorstellungen, die von den Genderisten „Geschlecht" genannt werden. Was will ich sein, als was will ich auf dem nächsten Fasching gehen? Was suche ich mir aus? Und, das muss man wissen, das ist das größte Genderglück: Diese mit dem Wort „Geschlecht" fehlbenannten Daseinszustände kann man in der Tat beliebig wechseln, von einer endgültigen Geschlechtsoperation abgesehen, die kann man nicht rückgängig machen. Man kann also sein „Geschlecht" permanent wechseln. Jeder Mensch - immerhin den Menschen gibt es bei den Genderisten noch - kann sich sekündlich entscheiden, bis eben jenem „sozialen Geschlecht" angehört zu haben und jetzt einem ganz anderen „sozialen Geschlecht" anzugehören.

Frei nach Karl Marx, jenem Wirtschaftsideologen, der in den vergangenen 150 Jahren (nicht allein) viele Hungersnöte über die Menschheit gebracht hat, könnte man kalauern: Morgens als Schwuler jagen, mittags als Transsexueller fischen und abends als Intersexueller Viehzucht treiben und dann als Crossgender das Essen zu kritisieren, wie ich gerade Lust habe, ohne je überhaupt ein Schwuler, ein Transsexueller, ein Intersexueller oder ein Crossgender zu werden." (Bei Karl Marx hieß es: „Morgens zu jagen, mittags zu fischen, abends Viehzucht zu treiben, nach dem Essen zu kritisieren wie ich gerade Lust habe, ohne je Jäger, Fischer, Hirte oder Kritiker zu werden.").

Die Systembrüche der Genderisten

Es sind in der Tat die Funktionäre der Homosexuellen und die Lobbyisten ihrer Verbände, die stark auf die Gendertube drücken. Allerdings gibt es gerade hier einen die Homosexuellen begünstigenden Systembruch der Genderisten, die schließlich sonst behaupten, dass es Mann und Frau gar nicht gäbe und dass jeder Mensch gemäß Gender jedes soziale Geschlecht annehmen könnte und dies auch gefälligst flexibel tun sollte, damit die Genderideologie, verdammt noch mal, auch mit Leben erfüllt wird:

Schwule Männer sind nämlich Männer, die regelmäßig einen ganz besonderen Wert darauf legen, Männer zu sein. Sie wollen Männer „vernaschen" oder von diesen „vernascht" werden. Und sie schließen Sex mit Frauen aus. Lesbische Frauen dagegen sind Frauen und schließen in vergleichbarer Weise Sex mit Männern aus. Die Homosexuellen beanspruchen also eine Ausnahme von der von ihnen forcierten Abschaffung der Genderbiologie, in dem sie darauf bestehen, Männer und nichts als Männer bzw. Frauen und nichts als Frauen zu sein. Will sagen, sie achten auf die Biologie, die sie anderen, vor allem der weit überwiegenden heterosexuellen Mehrheit, austreiben wollen.

Es steht fest dass man aus einem Mann keine Frau und aus einer Frau keinen Mann machen kann. Genderismus ist tatsächlich semantische Scharlatanerie. Das Geschlecht, die Vokabel Geschlecht ist, seitdem es die Menschheit gibt, mit der Alternative Mann oder Frau besetzt. Basta. Es steht fest, dass man aus einem Mann keine Frau und aus einer Frau keinen Mann machen kann. Wer mit XY-Chromosomen, von Vater und Mutter gemacht, auf die Welt kommt, behält diesen Gencode auch, wenn er sich sozial umentscheidet oder sich operativ in eine gekorene (und keine geborene) Frau verwandeln lässt. Ein Mann, der dank eines operativen Eingriffs und der entsprechenden Hormonbehandlung usw. aussieht wie eine Frau, verzichtet auf die männliche Orgasmusfähigkeit, ohne die weibliche Orgasmusfähigkeit zu gewinnen. Er verzichtet auf die Fähigkeit der Samenproduktion, aber er erlangt als soziale Sie nicht die Fähigkeit, weibliche Eizellen zu produzieren. Ließe sich eine Transsexuelle allerdings klonen, würde ihr im Ergebnis ein Mann in die Augen schauen, der so aussieht, wie sie vor der Operation ausgesehen hat. Entsprechendes gilt, wenn sich eine Frau in einen Mann verwandeln lässt. Wollen wir hoffen, dass die Klonerei der Menschheit erspart bleibt.

Wer einen Menschen mit XY-Chromosomen Mann nennt und einen Menschen mit XX-Chromosomen Frau, wer also Mann und Frau nach ihren Geschlechtsmerkmalen unterscheidet und wie seit 100.000 Jahren Mann und Frau kennt und 1 und 1 zu 2 zusammenzählen kann, liegt mit seiner Zählart von zwei Geschlechtern goldrichtig. Die Biologie spielt die entscheidende zentrale Rolle. Eine völlig andere Frage ist es, wenn Herr XY oder Frau XX sich entscheiden, sich nicht wie 95 % und mehr der Menschen heterosexuell zu verhalten und mit ihrem geborenen Geschlecht zufrieden im Einklang zu leben, sondern anderen sexuellen Vorlieben nachgehen. Das allerdings wäre deren Privatsache und hat mit einer Anhebung der Geschlechterzahl nichts, aber auch gar nichts zu tun.

Die Genderideologie drängt die sexuellen Vorlieben eines Menschen in den Vordergrund

Schon die Ausdrücke „homosexuell" und „bisexuell" (bigender) sind vollkommen irreführend, wenn sie, wie es heute in der Genderideologie geschieht, als Geschlechter behandelt werden. Der Bisexuelle bleibt ja ein Mann oder eine Frau, ganz unabhängig davon, wen er liebt oder mit wem er Sex hat, ganz unabhängig davon, ob er nur mit Männern, nur mit Frauen oder mal mit Männern und mal mit Frauen ins Bett geht. Will sagen: Auch der bisexuelle Mensch hat ja nicht Penis und Vagina gleichzeitig nebeneinander, vermittels derer er sich gegebenenfalls selbst befriedigen und selbst befruchten könnte, sondern er liebt, wenn er bi ist und wenn er ein Mann ist, eben mal Frauen und mal Männer. Und dasselbe gilt auch für eine Frau, die bi ist, sie liebt mal Männer und mal Frauen.

Sexuelle Neigungen als Geschlechter zu bezeichnen, ist ein sehr primitiver und idiotischer Ansatz. Wie es auch ein idiotischer Ansatz ist, überhaupt Menschen nach dem Privatesten und Intimsten ihrer Person zu befragen oder die Menschen gar danach gesellschaftlich zu kategorisieren, wen sie sexuell begehren. Gender drängt die sexuellen Vorlieben eines Menschen zur Definition seiner Person in einer absurden Weise in den Vordergrund und in die Öffentlichkeit, so als ginge das irgendjemanden etwas an.

Welchen heterosexuellen Menschen interessiert überhaupt, ob ein auf der Straße vorbeigehender Mann schwul ist oder eine vorbeiziehende Frau lesbisch ist oder ob beide heterosexuell sind. Wen interessiert es, ob die beiden ein Liebespaar sind oder geschieden oder zwei Wildfremde. Wen interessiert, welches der 60 und mehr Geschlechter die beiden zurzeit gerade angehören möchten.

Müssen Sie oder Sie oder muss ich wissen, welcher Lust Conchita Wurst frönt? Hat C. Wurst einen Anspruch darauf, mich mit seinen sexuellen Lüsten gegebenenfalls zu interessieren? A priori ist es jedem Menschen Conchitawurstegal, welches die sexuellen Lüste seiner sieben Milliarden Mitmenschen auf diesem Globus sind. Aber glücklicherweise gibt es ungefähr gleichviel XX wie XY-Menschen auf dieser Welt, die sich dem uralten Spiel der Attraktion von Mann und Frau hingeben. Und es gibt eine kleine Gruppe von Menschen, die sich einer (offenbar immer größer werdenden) Vielzahl von anderen sexuellen Neigungen hingibt.

Jeden und jede interessiert die sexuelle Neigung eines anderen Menschen essentiell doch erst, wenn er den anderen Menschen oder die andere Menschin begehrt, also sexuell, ganz privat, ganz intim kennenlernen will. Klar, ein Mann, der eine Lesbe anbaggert, die er für sich für erreichbar hielt, mag beispielsweise enttäuscht sein über die zu erwartende Abfuhr. Mit welchem Nerv haben die Genderisten das gesamte Thema überhaupt der Öffentlichkeit aufgezwungen?

Einzig richtig ist: Niemand soll wegen seiner sexuellen Neigungen diskriminiert werden. Alle sexuellen Neigungen sind zu tolerieren, solange sie nicht zur Verletzung anderer Menschen führen und das war es. Aber natürlich ist es eine Verletzung eines Mannes oder einer Frau, ihm oder ihr das Recht streitig zu machen, sich als Mann oder als Frau darzustellen. Aber genau das will Gender. Es ist die Genderideologie, die einen ungeheuren Druck aufbaut, dass sich Menschen nur korrekt verhalten, wenn sie asexuell, androgyn daherkommen und möglichst sexuellen Minderheiten angehören. Bei Gender geht intellektuell alles drunter und drüber. Gender ist eben der zum Scheitern verurteilte Versuch, die Fiktion der 60 sozialen Geschlechter zur Realität zu erheben. Indes ist der der Gesellschaft aufoktroyierte Geschlechterdiskurs nicht nur menschenverachtend und abwegig, sondern auch bereits vom Ansatz her völlig überflüssig.

Menschdiversität

Zu den zwei naturgegebenen Geschlechtern XX und XY, um deren Eliminierung es im Kern in der Genderideologie geht, ganze Wundertüten voll sozialer Geschlechter hinzufügen zu wollen, ist ein wirklich armseliger Blödsinn und eine semantische Spinnerei. Gott sei Dank gibt es noch keinen gesetzlichen Zwang, dass jeder Mensch sein soziales „Geschlecht " offen vor sich hertragen muss.

Und was heißt überhaupt „soziales Geschlecht"? Gemeint ist im Prinzip etwas, was mit „sozial" gerade nichts zu tun hat. Den Genderisten geht es ja um die eigene, individuelle, autonome Entscheidung des Menschen, seine Geschlecht genannte sexuelle Vorliebe so zu leben, wie er es will und gegebenenfalls jeden Tag eine andere Vorliebe zu produzieren. Das ist a priori erst einmal ganz und gar nicht sozial. Erst in der Interaktion mit anderen Menschen gewinnt die autonome sexuelle Entscheidung des Einzelnen eine soziale Bedeutung. Das Wort „soziales Geschlecht" liegt also neben der Sache. Wer sich entschieden hat, schwul zu sein oder schwul ist und schwul lebt, soll, so vorhanden, auf die Schwulentoilette gehen oder, wenn er will, in seinen Darkroom und sonst tun und lassen, wonach ihm ist.

Die Abschaffung der nicht abschaffbaren Biologie, also die Annahme einer asexuellen Kreatürlichkeit, um die Männlichkeit und die Weiblichkeit aus den Reisepässen der Menschen zu tilgen und auf offiziöser Ebene ein menschliches Einheitswesen zu machen, kann die zweigeschlechtliche Realität weder positiv noch negativ verändern. Dazu kommt: Die weit überwiegende Mehrheit der Männer und der Frauen sind mit ihrem Geschlecht perfekt zufrieden und wollen es auch im täglichen Leben und im sozialen Leben an keiner Stelle unterdrückt oder vernebelt wissen. Und wollen auch nicht auf ihr Geschlecht als Mann oder als Frau verzichten. Dass eine Krümelminderheit der Mehrheit aufzwingen will, dass sich Männer nicht mehr als Männer begreifen und darstellen, auch im Pass, und dass sich Frauen nicht mehr als Frauen begreifen und darstellen sollen, stellt die Demokratie auf den Kopf.

Ein Vorschlag: Wenn es also nun Mann und Frau gar nicht geben soll, sondern nur ein voluntatives oder von der Umwelt oktroyiertes Manngeschlecht oder Fraugeschlecht gäbe, dann wäre es doch sinnvoll und intellektuell sauber und geboten das Wort „Geschlecht" ganz abzuschaffen und Mann und Frau, unter Androhung von staatlichen Sanktionen, etwa Gefängnis nicht unter sieben Jahren, abzuschaffen und von bloßer bipolarer Menschdiversität zu sprechen. Einen Pol könnte man „Rund-Pol" und den anderen „Länglich-Pol", angelehnt an Vagina und Penis, nennen. Diese bipolare

Menschdiversität ist allerdings hässlich und grauenvoll, aber sie trifft den Kern der Genderideologie.

Ein Beispiel: Vater und Mutter des Genderisten

Nun seien Sie kein unbelehrbarer Spießer und kommen Sie bloß nicht mit der Nummer, dass jeder Mensch und auch jeder Genderist, so geschlechtslos er auch sein mag, - auch die Entscheidung gar kein „Geschlecht" zu haben gehört zu den „Errungenschaften" der Genderideologie - eine Mama und einen Papa als Erzeuger hatte. Wer mit dieser Realität argumentierten will, hat aus Sicht der Genderisten gar nichts verstanden.

Fest steht jedoch: Auch Vater und Mutter des Genderisten waren Mann und Frau. Und sie haben durch ihr geschlechtsspezifisches Zeugungsverhalten das Leben ihres Kindes in Gang gesetzt. Was war und ist denn nun der Unterschied zwischen der Mami und dem Papi des Genderisten? Richtig, die Mami hatte eine Vagina und der Papi hatte einen Penis, der im Zustand der Zeugungslust perfekt in die Vagina passte. Die Mami hatte ein Ei (eine Eizelle) parat und der Papi steuerte im passenden Moment seinen Samen dazu. Und, das ist Conditio sine qua non, eine Eizelle der Mama und eine Samenzelle des Papa taten sich zusammen und bildeten die Zygote, aus der unser heutiger Genderist wurde. Und weil wir dem Genderisten wünschen, dass seine ersten Entwicklungsjahre und seine pränatale Phase glücklich verlaufen sind, gehen wir davon aus, dass der Papa einen typisch männlichen Orgasmus und die Mama einen typisch weiblichen Orgasmus hatte, als sie gewollt oder nur zufällig den Genderisten in diesem Beispiel zeugten.

In dem Beispiel des Genderisten spielen drei Personen eine Rolle: Der Genderist, seine Mama und sein Papa. Und was war nun zuerst da? Die Henne oder das Ei? Das Ei oder die Henne? Auch wenn es heutzutage möglich, gar modern, vollkommen avantgardistisch, andere sagen pervers, abstoßend und unmoralisch, jedenfalls von Tag zu Tag üblicher ist, Eizellen und Samenzellen von den Spenderfrauen und Spendermännern zu entnehmen oder sich zuschicken zu lassen, sie tiefzufrieren, aufzutauen und im Reagenzglas beliebig kombiniert Zygoten zu erzeugen, die nach freier Entscheidung in den Uterus dieser oder jener Leihmutter zum „Austragen" eingepflanzt werden, so bleibt doch die Tatsache betonfest bestehen, dass die so zur Welt gebrachten Kinder biologisch-genetisch von einem konkreten, vielleicht unbekannten Vater abstammen und von einer ebenso konkreten, vielleicht ebenfalls nicht bekannten Mutter herrühren.

Demnach wäre unser Genderist, auch wenn er sehr modern in einem Reagenzglas erzeugt worden wäre, immer noch jemand, der einen konkreten biologischen Vater und eine konkrete biologische Mutter hätte.

Stichwort Leihmütter für homosexuelle Männer

Ein Mietmuttermode schwappt über den Westen. Der schwule, verheiratete Wolfgang Joop (zwei Töchter) tönte kürzlich in einem Rtl-Interview, dass Schwule und Lesben in der Regel besser gebildete Menschen wären. „Schwule und lesbische Paare sind meistens etwas gebildeter, ich muss es wirklich sagen." Die unterschwellige Botschaft „Homosexuelle" seien intelligenter, hat er in seiner Einschätzung dann nicht mehr weiter ausgeführt. Dass sie besonders gute Eltern wären, betonte er hingegen und, voll im Trend, steht er dem Kauf einer Leihmutter positiv gegenüber.

Schwule Männer sind Männer und legen besonderen Wert darauf. Sie legen besonderen Wert darauf, dass ihr Partner auch ein Mann ist, dem sie selber Mann sein wollen. Soviel Mann wie bei Schwulen gibt es sonst gar nicht, und trotz dieses durchaus biologischen Ansatzes kriechen die Schwulen mit unter das große Genderdach, nach dem Motto „Wir Diskriminierten halten zusammen, generieren Synergien, kämpfen gemeinsam." Auch das Mietmutter-Phänomen ist kein Gender-Spezifikum, es gehört aber in den Kontext. Es gibt wechselseitige Affinitäten zwischen Genderisten und jenen, zum Beispiel homosexuellen Männern, die sich ein biologisch von ihnen abstammendes Kind mit einer zugekauften Eizelle und einer zugekauften austragenden Fremdmutter wünschen.

Dabei fällt auf, dass die homosexuellen Männer, die Kinder haben wollen, über ein weltweites Agenturunwesen mit oft menschenrechtswidrigem Vertragsgebaren nichts dringender suchen als eine Frau, die ihnen eine Eizelle liefert und eine weitere Frau, die ihnen das Kind austrägt. Und sie suchen im Idealfall eine dritte „Mutter" in Form eines besonders nahen Kindermädchens, Tagesmutter o.Ä., die als weibliche Bezugsperson den Kosmos des Kindes erweitert.

Das Leihmutter-Geschäft lebt von der evidenten Biologie in Gestalt der Zweigeschlechtlichkeit. Es gibt einen Mann, von dem stammt eine Samenzelle, und es gibt eine Frau, von der stammt eine Eizelle, und es gibt eine zweite Frau, die die im Reagenzglas erzeugte und ihr eingepflanzte Zygote zu dem angestrebten Baby austrägt. Mehr klare Biologie der Zweigeschlechtlichkeit Mann und Frau und Basta gibt es nicht.

Gender ist mindestens faktisch darauf angelegt nicht in erster Linie Kinder, wie es allgemein heißt, zu frühsexualisieren, sondern Kinder sexuell im intimsten Bereich der menschlichen Seele, nämlich im sexuellen Bereich, so früh zu verwirren und zu stören und zu manipulieren, dass möglichst desorientierte, bindungsverweigernde Erwachsene entstehen mögen.

Auch die bis zur Menschenzucht reichende Leihmutterei kann in eine ähnliche Richtung wirken. Da werden, begünstigt durch unterschiedliche Rechtsordnungen, menschliche Eizellen und menschliche Samenzellen anonym wie eine Ware gehandelt und nach Designer-, also Zuchtgesichtspunkten, oder nach dem Zufallsprinzip zu Zygoten verschmolzen, die den ärmsten der ärmsten Frauen, zum Beispiel in Indien, zum Austragen eingepflanzt werden, die die Herrschaft qua Vertrag über ihren eigenen Körper verlieren bis hin zum ausschließlichen Abtreibungsrecht der Auftraggeber.

Hier zeigt sich, wie verschiedene gesellschaftliche Phänomene konzentrisch wirken. Das Genderrecht ist nicht verständlich ohne das Antidiskriminierungsrecht und eben auch die Leihmutterschaft ist faktisch im Konzert zu sehen und wirkt normativ. Und auch der immer bedenkenlosere Umgang mit Leihmutterschaft beeinflusst das Genderunwesen. Es liegt voll im Trend, die Welt nicht aus der Sicht und den Rechten des Kindes heraus zu betrachten, sondern das Kind als eine Funktion derjenigen sehen, die das Kind haben wollen und dafür bezahlen. Das Recht des Kindes seine eigene Geschichte, seinen eigenen Vater, seine eigene Mutter, seine eigene Abstammung zu kennen, ist moralisch und rechtlich aus dem öffentlichen Bewusstsein verschwunden. Das Kind hat keine Biologie zu haben.

Das Kind soll keine Biologie mehr haben

Was ist aber mit dem Kind und dessen alles überragenden Rechten? Was ist mit dem Recht des Kindes auf Vater und Mutter? Wenn homosexuelle Paare je nachdem eine Eizelle oder eine Samenzelle kaufen und das Kind auch noch bei einer Leihmutter (was bei Lesben gerade nicht zwingend ist) ausgetragen, wird jede Bindung zu dem anderen Elternteil komplett eliminiert.

Im Fall eines schwulen Paares, das sich ein Kind bestellt, hat das Kind regelmäßig weder eine Beziehung zur leiblichen Mutter, sprich Eizellenspenderin, noch zur Leihmutter, die es ausgetragen hat. Und auch kaum ein Recht oder eine Chance, von Ausnahmen abgesehen, die beiden Mütter überhaupt zu kennen, geschweige denn eine Beziehung zu ihnen aufzubauen. Der berühmte kaukasische Kreidekreis (Berthold Brecht), bei dem sich die biologische und die Leih-Pflegemutter gegenüber stehen und an dem Kind zerren, ist weg. Es gibt keine Mutter mehr.

Auch hier gibt es eine intellektuelle und emotionale Schnittmenge zwischen der Leihmutterei und der Genderei: Gender ist auf das Abschneiden der Biologie scharf wie Nachbars Lumpi und de facto auch scharf darauf, soziale Bindungen exklusiver Art, wie sie zwischen Eltern und auch Adoptiveltern und Kindern bestehen, zu zerstören.

Das bestellte Kind von nur Vätern oder nur Müttern hat, wenn ihm nicht von den Bestellern von Eizelle oder Samenzelle oder Agenturen oder der Leihmutter erzählt wird, wer Vater und Mutter sind, keine Chance, seine eigene Entstehungsgeschichte nachzuvollziehen. Es hat das Maul zu halten und sich darüber zu freuen, dass es da ist und dass es gewollt war und natürlich darüber, dass es versorgt und geliebt wird. Eine von den Genderisten nicht erfundene, aber propagierte Größe ist eben, dass es im menschlichen Dasein überhaupt nicht darauf ankäme, wer Vater und Mutter seien, sondern dass es nur, wie die 68er sagten, auf Bezugspersonen und irgendwelche Streicheleinheiten ankäme, eben darauf, mit welcher erwachsenen Person das Kind zusammengelebt hat und sozialisiert wurde. Nach dieser Genderlesart stünde allerdings fest, dass die Mietmutter in den ersten neun Lebensmonaten des Kindes, der bei den Psychologen so wichtig genommenen pränatalen Phase, ein wechselseitiges Exklusivverhältnis zu dem werdenden Menschen entwickelt hat.

Das Recht der Besteller auf die eigene biologische Fortpflanzung, um die es den schwulen und lesbischen Paaren ganz erklärtermaßen geht, steht ganz im Gendergeist über dem negierten Recht des Kindes auf seine eigene vollständige biologische Herkunft, über dem Recht des Kindes auf Vater und Mutter. Und wem gehört eigentlich ein diesermaßen „bestelltes" Kind und aufgrund welchen Rechtes? Irgendwelche Klinik- oder Agenturverträge können nicht ernsthaft das Besitz- oder Eigentumsrecht am Kind begründen.

Es gibt Beispiele, wo sich Schwule und Lesben zusammenfinden, und sei es über Agenturen oder privat, die eine viel kindgerechtere Lösung wählen, und es wundert, dass diese Variante wie nicht existent behandelt wird. Um einem Kind Vater und Mutter zu gewähren können auch Schwule und Lesben oder auch heterosexuelle Freunde, Bekannte oder vermittelte Personen, die wechselseitig kein sexuelles Interesse aneinander haben, via künstlicher Befruchtung gemeinsam Kinder kriegen, ohne zusammen leben zu müssen. Sich in dieser Form zusammenzuraufen und sich über Rechte und Pflichten zu verständigen ist etwas aufwändiger, aber es schneidet dem Kind nicht selbstherrlich dessen Rechte auf Vater und Mutter und auf die Geschichte, die auch weiter zurückreicht als zur vorangegangenen Generation, ab. So weit müsste die Liebe zu einem eigenen Kind, das man unbedingt haben will, eigentlich gehen, dass man etwas mehr tut, um die wahre Mutter oder den wahren Vater ins Lebensboot des Kindes zu holen. Einfach nur bestellen und bezahlen und sich des anderen Elternteils des Kindes mittels Anonymität usw. zu entledigen ist gegenüber dem Kind ganz im Gender-Ungeist herzlos. Es ist eine allgemeine Erfahrung, dass Menschen, die im späteren Leben erfahren, dass sie zum Beispiel Adoptivkinder sind, sich oft mit großem Aufwand auf die Suche nach ihren biologischen Eltern begeben, und dieser Suche liegt ein höchst legitimer Anspruch zugrunde, der heutzutage auch nicht mehr negiert wird.

Wer in Zeiten größter Armut von Kindern im Westen selber und im großen Rest der Welt sich nicht zu einer Adoption eines ihm lieben und bedürftigen Kindes entschließt, sondern besonders gesteigerten Wert darauf legt, ein Kind seiner eigenen Biologie, seines halben Genoms, seiner Erblinie haben zu wollen, kann sich legitimer Weise nicht auf seinen biologischen Fortpflanzungswunsch reduzieren, sondern muss das Kindeswohls und das mindestens gleichwertige Recht des Kindes auf seinen Vater und seine Mutter anerkennen und berücksichtigen.

Hier soll auf die Ausbeutung der Dritten Welt durch raffgierige Kliniken und Vermittlungsagenturen, die arme junge Frauen mit der Leihmutterschaft traktieren, nicht näher eingegangen werden, weil es hier um die biologische Evidenz von Mann und Frau geht, die von der Gendersekte geleugnet wird und auch von der Gesellschaft, die von dem Sektenvirus angesteckt ist, zunehmend nicht mehr erkannt wird.

Das befruchtete und das unbefruchtete Ei

Das Ei und die Henne sind ein bisschen verwirrt, dass die Menschen ausgerechnet sie heranziehen, um zu fragen, wer von beiden zuerst da war, um dann sogleich bei dieser Fragestellung abzuschmieren. Und das Abschmieren zeigt sich aktuell wieder einmal exemplarisch am deutschsprachigen Wikipedia-Beitrag zum Thema Henne und Ei, in dem besserwisserisch und großkotzig eine Lösung angeboten wird. Man lese und staune. Das Problem Henne oder Ei wird dort als von der modernen Wissenschaft längst geklärte Frage vorgestellt: Sowohl Huhn als auch Ei stammten von irgendwelchen wabbeligen Vorfahren ab und das wabbelige Zeug hätte sich irgendwann im Laufe der Evolution eine harte Schale zugelegt und, siehe da, das Ei war geboren. Nur irgendwie hat der Beitrag die Frage, wie denn nun das Leben, sei es als Hahn und Henne oder als männliches oder weibliches Küken, entstanden ist, in eine diffuse Vorzeit verlegt und dabei völlig aus den Augen verloren. Wikipedia befasst sich also nicht mehr mit der Frage, wie „Leben" oder „Zweigeschlechtlichkeit", die, um es zu wiederholen, die Biogeschichte der Erde beherrscht, entstanden sind, sondern nur noch mit der mutmaßlichen Entstehung der Eierschale. Dagegen ist die Frage, wie die Zweigeschlechtlichkeit entstanden ist, bis heute weder von den Darwinisten, die seit einigen Jahrzehnten lautstark auftrumpfen, noch sonst in irgendeiner Weise je von der Menschheit beantwortet worden.

Deshalb hier noch mal von vorne, worum es tatsächlich bei der Frage Huhn oder Ei geht: Der korrekte erste Einstieg in die Generationenfolge der Hühnergeschichte, wäre nicht die Frage: Henne oder Ei, sondern die Frage: Wer war zuerst da, die Henne und ihr Geschlechtspartner Hahn einerseits oder das befruchtetes Ei? Denn befruchtet muss das Ei schon sein, wenn es Sinn machen soll. Zur

Erinnerung: Das von einer Henne gelegte Ei, das viele Menschen gern zum Frühstück essen, ist ein unbefruchtetes Ei. Aus einem unbefruchteten Ei, das können die Genderideologen jahrein jahraus begrüßen, kommt niemals ein männliches oder weibliches Küken. Für die Henne ist es ein frustrierter Aufwand sich abzumühen und ein unbefruchtetes Ei zu legen, das ihr auch noch weggenommen wird. Würde ihr das Ei nicht weggenommen, würde es vor sich hin gammeln und von irgendwelchen Keimen oder Tieren gefressen werden. Ein befruchtetes Hühnerei bringen dagegen nur eine Henne und ein Hahn zustande, die es miteinander getrieben haben. So einfach kann die Realität sein. Und nun kommen also die Genderisten: Die schießen voll daneben und das auch noch in der Attitüde von Neuerfindern der Welt. Ei, Ei, Ei und Ei. Dabei handelt es sich um eine Äquivocation. Wie schon gesagt, das Frühstücksei, ist den meisten Menschen gegenwärtig. Das befruchtete Ei, eine diametral andere Qualität, ist den Menschen, wenn sie sich nach dem zeitlichen Vorrang fragen, Henne oder Ei fragen, nicht bewusst.

Die Frage, wo kommt der Mensch her, wo kommt das Leben her, bewegt die Menschheit, bewegte die Menschheit schon immer und es ist eine wesentliche Schubkraft für die großen Religionen. Auch die allwissende Wissenschaft hat diese Frage nicht endgültig klären können. Die Idee, dass sich nur irgendwo im Weltall irgendein Planet oder ein Mond bilden müsste, der irdische Bedingungen, Temperatur, Sauerstoff, Wasserstoff, Kohlenstoff und ein paar andere Elemente zur Verfügung stellt, automatisch Leben und gar intelligentes Leben hervorbrächte, weil sich automatisch Proteine, RNA-Replikationen, Nukleinsäuren, Enzyme, Aminosäuren, RNA, DNA usw. bildeten, die gemeinsam irgendwelche Molekülketten bildeten, die sich replizierten, die dann zu Zellenhaufen zusammenwachsen würden, die dann das Leben in Gang setzten und laufen lernten, sind schön und gut, aber solche Theorien machen des Pudels Kern noch nicht dingfest.

Dass sich aus ersten Eiweißen zwangsläufig ergäbe, dass heute Mama und Papa eine wilde Sexnacht miteinander verbringen, ganz ohne Gender, und neun Monate später das Baby, aus dem befruchteten Ei entsteht und schreit, mag so sein. Eine zwingende Erklärung oder gar die Erklärung einer Zwangsläufigkeit der Entwicklung bis hin zum Menschen, ob er nun gendert oder nicht, gibt es nicht.

An den 60 plus X Geschlechtern wäre das Huhn gescheitert

Seitdem sich die geschlechtslosen Einzeller wild entschlossen hatten, sich zu mehrzelligen systemischen Organismen oder gar Lebewesen zu entwickeln, also eine Urzelle sich in der Weise reproduzierte, dass die beiden Tochterzellen sich mit unter Umständen unterschiedlichen Funktionen zusammenkleben und es ihrerseits der Urzelle gleichtun, mögen sie sich auch entschlossen haben Eier zu legen, aus denen dann die nächste Generation hervorgeht. Allerdings: Wie das Ganze genau funktioniert haben soll, müssten die Genderisten, die sich recht halbwissenschaftlich mit urbiologischen Fragen beschäftigen, aus denen sie ihre Theorie glauben stützen zu können, wohl noch erläutern.

Wie es aber nun dazu gekommen sein könnte, dass sich ein Ei entschlossen hat, ich bin nicht mehr geschlechtsneutral, sondern eine junge Henne, und wie sich gleichzeitig ein anderes Ei entschlossen haben könnte, einmal ein Hahn zu werden und Penis und Vagina passen auch prompt zusammen wie extra dafür gemacht, dazu haben die Genderisten mit ihren populärwissenschaftlichen Phantastereien keine Erklärung geliefert, und das kann man ihnen auch nicht verübeln, weil diese Erklärung auch sonst niemand beizusteuern vermag.

Fakt ist, dass das ewige Leben des Huhns auf der zweigeschlechtlich beherrschten Generationenfolge basiert, es basiert auf der ewigen Henne und dem ewigen Hahn. An den 60 plus X Gendergeschlechtern wäre das Huhn gescheitert, es wäre ausgestorben. Die Zweigeschlechtlichkeit, die die Genderisten abschaffen wollen, ist der Pferdefuß deren Argumentation, die die Genderideologie als bösartige, menschenverachtende Scharlatanerie entlarvt.

Die abseitigen Spielereien der Genderideologen mit Gendefekten und phänotypischen Besonderheiten zur Begründung der Richtigkeit der Scharlatanerie sind bodenlos. Auch das unendliche Gesabbel, dass über XY im Prinzip doch gleich XX sei, und dass der biologische Unterschied zwischen Mann und Frau so marginal wäre, dass er gegen Null tendierte, sind intellektuell gesehen eine besonders armselige Form von intellektuellem Müll.

Die Zweigeschlechtlichkeit und das ewige Leben

Die Zweigeschlechtlichkeit mit ihrem Vorteil der permanenten Aufmischung und Auffrischung des Genoms der folgenden Generationen beherrscht das höhere Leben auf diesem Planeten im Pflanzen- wie im Tierbereich und beim Menschen ganz selbstverständlich. Es gibt zwei Geschlechter, die im Zusammenwirken das ewige Leben darstellen, und damit ist das Geschlechterthema biologisch erschöpft.

Der schon erwähnte semantische Trick, irgendwelche menschliche Aktivitäten ebenfalls „Geschlecht" zu nennen und damit die beiden real existierenden Geschlechter gleichsam als nicht existent zu belegen und solange herumzurelativieren und herumzuquatschen, bis den Leuten die Lust und der Verstand abhandenkommen sind, bleibt vor allem irrsinnig primitiv. Frankenstein lässt grüßen.

Die sehr weit überwiegende Zahl der Menschen, unabhängig von Kulturkreis und Religion und Ethnie, lebt heterosexuell und die Hetero-Männer und Hetero-Frauen sind scharf darauf so zu leben. Die magisch-animalische Attraktion, die Männer und Frauen gegenseitig spüren, ist den Radikalfeministinnen entweder nicht bekannt oder sie ist ihnen ein Dorn im Auge. <u>Auf diese heterosexuell genannte Vorliebe richtet sich der gesamte Hass der Genderideologie, die damit auch extrem frauenfeindlich ist.</u>

Inzwischen hat es sich bis ins kleinste Dorf im Westen - anderswo liegen die Dinge anders - herumgesprochen, dass es einen großen abendländischen Konsens gibt, nämlich den, dass jeder Mensch, jedes Individuum, jede Frau, jeder Mann, seine Sexualität so leben darf, gegebenenfalls jeden Tag anders, so wie er es möchte, solange er oder sie nicht in die körperliche oder seelische Unversehrtheit eines anderen Menschen eingreift und den Willen anderer Menschen respektiert. Jeder Mensch kann also geradeso leben, wie es durch die 60 sozialen „Geschlechter" ausgedrückt wird. Jeder kann sich operieren lassen, verkleiden, jeder kann sich, wenn er will zum Affen machen. Jeder darf spießig sein oder avantgardistisch. Erlaubt ist, was gefällt, solange es allen Beteiligten gefällt. Doch zu all dem trägt die Genderideologie nichts bei. Im Gegenteil, sie zerstört die Autonomie der Menschen.

Gender ist Gesetz gewordene Heterophobie

Genderismus kann keine Legitimation für irgendetwas liefern. Sexuelle Vorlieben bedürfen keiner Legitimation. Genderismus nützt niemandem, befreit niemanden, macht niemanden toleranter, aber Genderismus verlangt oder postuliert Privilegien in einer Weise, die andere Menschen diskriminiert. Am Ende ist es egal, ob eine Mehrheit eine Minderheit diskriminiert oder eine Minderheit die Mehrheit unterdrückt.

Nun kann es Frauendiskriminierung schlechterdings nicht geben, wenn es in Wahrheit gar keine Frauen gibt und Weiblichkeit reine Einbildung oder anerzogener Unsinn wäre. Dieser Systembruch in ihrer Ideologie ficht die Genderideologinnen nicht an, sie privilegieren Frauen systematisch und unterdrücken Männer nach Herzenslust und die Genderisten haben viel Lust. Keine Lust auf Sex, aber viel Lust auf Unterdrückung. Die Frauenquote, ein typisches Genderprojekt, ist, wenn es gar keine Frauen gibt, objektiv undurchführbar. Zu den Girlsdays werden die Menschen nach ihrem weiblichen Geschlecht ausgegendert. Gleiches gilt für die Jungs, die nach ihrem biologischen Geschlecht selektiert umerzogen werden sollen und in Berufe gedrängt werden sollen, die als typisch weiblich besetzt gelten. Die Kindererziehung soll, trotz abzuschaffender Familie von den Männchen zuhause und in der Kita erledigt werden. Er soll kochen, sie soll Karriere machen. Wenn er nicht zuhause kocht, soll er in den „Leichtlohngruppen" die unvermeidlichen minderwertigen Arbeiten erledigen, während sie das Sagen übernimmt.

Nun haben sich die Genderideologen auch noch eine „Genderwissenschaft" zugelegt. Vermittels dieser Wissenschaft soll der Eindruck erweckt werden, als hätte die Ideologie etwas mit innerer

Logik zu tun und als seien die Postulate der Genderisten wissenschaftlich bewiesen. Religionswissenschaft vermag mit den Mitteln der systematischen Durchdringung des Stoffes, auf geisteswissenschaftlicher Logik basierend, Religionen vorzustellen und darzulegen. Den Gottesbeweis kann Religionswissenschaft allerdings nie erbringen. Den Glauben kann Religionswissenschaft ebenfalls nicht ersetzen.

Ebenso leisten auch die Genderwissenschaften keinen Beweis der vielen Genderbehauptungen. Die Genderwissenschaften dienen der Konfusionierung der Geister, der Irreführung. Darin sind sie den verqueren Methoden des sogenannten wissenschaftlichen Sozialismus recht ähnlich. Von Wissenschaft keine Spur, aber viel mehr oder weniger unrealistische Utopie.

Die Geschichte der Menschheit lehrt, dass die Rationalität seit jeher eine eher bescheidene Rolle spielt. Irrationalitäten kommen vor allem immer dann beherrschend ins Spiel, wenn es um die großen Sinnfragen der Menschen geht: Wo komme ich her, wo gehe ich hin, wie bin ich entstanden, was ist Leben, was ist das ewige Leben? Gibt es Gott usw. Die Frage, warum gibt es zwei Geschlechter und keines mehr und warum funktioniert die Zweigeschlechtlichkeit und wo kommt sie her und warum ist sie entstanden und was ist Sex und was ist sexuelle Lust, überwältigt die Menschen.

So kommt es, dass die große Irrationalität namens Gender, die auch etwas mit Gottspielerei zu tun hat, aber irgendwie auch etwas mit Sekteneifer und Sektengeifer, offenbar ein Einfallstor gefunden hat. Die Beliebigkeitsphantasien bezüglich des Geschlechtes und die Phantasien der Genderisten aus einem Mann eine Frau machen zu können oder ungern auch aus einer Frau einen Mann, sind das Konstrukt absurder und eigentlich wirrer Phantasien.

Die Genderideologie ist ihrem Wesen nach allerdings Gesetz gewordene Heterophobie und sie ist ein rassistischer Angriff auf den weißen Mann. Gender ist Körper-und Seelenverletzung. Und Gender ist eine Minderheitendiktatur. Die evangelischen Kirchen springen auf den Genderzug auf, die katholische Kirche schaut verzweifelt zu, einzig der Islam bleibt, trotz mancher Bemühung den Koran gegendert zu verstehen, immun gegen den Genderirrsinn.

Nach allem: Was hat Sexualität welcher Ausprägung auch immer denkbarerweise mit politisch links oder rechts zu tun? Absolut nichts.

Werner Reichel
Der Genderismus und seine Opfer

Es ist wieder so weit. Die Sozialisten wollen nach ihren vielen Fehlschlägen einmal mehr einen besseren Menschen und eine gerechtere Gesellschaft schaffen. Aus der Vergangenheit haben sie nichts gelernt, die rund hundert Millionen Toten, die im vergangenen Jahrhundert auf ihr Konto gegangen sind, hat man bereits erfolgreich verdrängt, den einen oder anderen Massenmörder verstoßen, die Ursachen umgedeutet bzw. als Kollateralschaden auf dem Weg in eine bessere Welt verbucht. Linke Träume verwandeln sich stets in Alpträume. Sozialistische Massenexperimente enden in der Regel in Armut, Chaos, Unfreiheit bis hin zu Massenmorden.

Und auch diesmal ist man nicht zimperlich. Die Neosozialisten haben sich sogar besonders viel vorgenommen. Sie wollen uns einmal mehr „befreien". Befreien von Geschlechterrollen, von falschem Bewusstsein und Denken, von der Geschlechterbinarität, von den Fesseln der Natur. Man hat der Biologie und den Naturgesetzen den Kampf angesagt, allerdings mit recht untauglichen Mitteln, mit sprachlichen Taschenspielertricks, abstrusen Begriffskonstruktionen, Umerziehung, sozialem Druck, Indoktrination, Propaganda und wenn notwendig mit Gewalt. Das übliche Repertoire und die üblichen Strategien zur Durchsetzung sozialistischer und kollektivistischer Utopien.

Demokratie hin oder her, ob sich die Bürger in Europa befreien lassen wollen oder nicht, spielt keine Rolle. Sie werden erst gar nicht gefragt. Die Freiheit, sich nicht befreien zu lassen, haben wir nicht mehr. Die neosozialistischen Vordenker und die politisch korrekte Elite wissen einfach besser als der Bürger selbst, was für ihn gut ist, was er wie zu denken hat und welches Bewusstsein er braucht.

Die Gender-Ideologie ist, aufbauend auf einer Art feministischer Theologie, ein besonders seltsamer Auswuchs des Sozialismus, ein marxistisches Derivat. Sie ist Folgeerscheinung und Reaktion auf das Scheitern des real existierenden Sozialismus gegen Ende des vorigen Jahrhunderts. Es ist ein neuer, vielleicht sogar der letzte, Versuch der Sozialisten, ihre Visionen von einer Gesellschaft ohne Unterschiede zu schaffen. Der sozialistische Gleichheitswahn, mit dem man seit der Französischen Revolution immer und immer wieder gescheitert ist, gewaltige Leichenberge inklusive, ist auf eine neue Ebene gehoben und auf die Geschlechter ausgedehnt, von der ökonomischen auf die biologische Sphäre erweitert worden. Mann und Frau müssen gleich werden, allerdings nicht an Rechten und Chancen, das ist im Westen ohnehin gesellschaftliche Realität, es geht um die tatsächlichen Unterschiede zwischen den beiden Geschlechtern, sie müssen, so absurd das auch klingen mag, verwischt und beseitigt werden, um eine möglichst einförmige geschlechtslose Gesellschaft mit möglichst schwach ausgeprägten familiären Strukturen und Bindungen zu schaffen. Den Menschen wird dieses Modell absurderweise als bunt und vielfältig verkauft.

„Der Blickwinkel, aus dem Linke die Gesellschaft betrachten, ist nicht der des Baustatikers, eher der eines Architekturkritikers mit avantgardistischen Vorlieben, der kühne Entwürfe für Abriss, Um- oder Neubau auf ein Stück Papier kritzelt und die Frage, wie viele tragende Wände man herausreißen kann, ohne dass das Gebäude einstürzt, nicht durch Kalkulation, sondern am liebsten experimentell beantwortet – selbstverständlich, ohne zuvor die Bewohner zu evakuieren"[76], schreibt Autor Manfred Kleine Hartlage. Auch diesmal ist das Scheitern, der Einsturz des Gebäudes, vorprogrammiert, nur die Zahl der Opfer dieser neuen linken Utopie steht noch nicht fest.

Eines der ersten Opfer war Bruce Reimer. Der kanadische Junge wurde 1965 in Winnipeg geboren. Bei seiner medizinisch notwendigen Beschneidung mit einem elektrischen Instrument wurde sein Penis so stark verbrannt, dass er sich schwärzte und vollständig abfiel[77]. Die verzweifelten Eltern gerieten schließlich an den klinischen Psychologen und einen der wichtigsten Vordenker der Genderisten, John Money.

Money war in den USA durch seine öffentlichen Auftritte und Tabubrüche bekannt geworden. Er sprach sich für Gruppensex, Bisexualität oder für „fucking games" für Kinder aus und er prägte die Begriffe „gender identity" und „gender-role".

In dem kleinen Bruce sah er die einmalige Gelegenheit, seine Behauptungen, dass geschlechtsspezifische Verhaltensweisen nicht naturgegeben und unveränderlich, sondern kulturell und sozial bedingt, also anerzogen sind, wissenschaftlich zu untermauern. Das biologische Geschlecht (engl. sex) hat laut Money nichts mit dem sozialen Geschlecht (engl. gender) zu tun. So wie es auch Simone de Beauvoir formuliert hat: „Man wird nicht als Frau geboren, man wird dazu gemacht." Moneys Behauptungen haben sich über die Jahre zu feministischen/genderistischen Glaubenssätzen, die nicht mehr hinterfragt werden dürfen, verfestigt. Und das nicht wegen, sondern trotz Moneys widerlichem Menschen-Experiment.

Money hatte den Ehrgeiz, seine abstrusen Theorien mit den eineiigen Reimer-Zwillingen zu beweisen[78]. Bruce als unfreiwilliges Gender-Versuchskaninchen, Brian als Kontrollgruppe. Bruce wurde zu Brenda umoperiert. Seine Hoden entfernt und aus der Haut des Hodensacks Schamlippen geformt. Brenda wurde mit weiblichen Hormonen vollgestopft, damit dem kastrierten Jungen Brüste wachsen, die Eltern angewiesen, ihren Sohn konsequent als Mädchen zu erziehen und ihm und seinem Zwillingsbruder nichts von all dem zu erzählen.

Vor allem Feministinnen waren von Moneys Menschenexperiment hellauf begeistert, weil es so gut zu ihrem Kampf um den eigenen Körper und gegen das Patriarchat passte. Das Leben und die Psyche des kleinen Bruce interessierten die progressiven Kräfte hingegen nicht.

1975 präsentierte Money in seinem Buch „sexual signatures" das Reimer-Experiment als gelungenen Beweis für seine Theorien. Noch im selben Jahr lobte auch Alice Schwarzer in ihrem Buch „Der kleine Unterschied" Moneys Arbeit, zu einem Zeitpunkt, als Money schon längst klar sein musste, dass sein Experiment auf ganzer Linie gescheitert war. Bruce/Brenda hat trotz der vielen beteiligten Therapeuten, Psychologen und Ärzte die ihm zugedachte Mädchenrolle nie angenommen. In der Schule war er extrem verhaltensauffällig und erhielt von den Mitschülern den Spitznamen Höhlenmensch. Später bezeichnet er seine Kindheit als unerträgliche Qual. Als Money sich und sein Experiment von US-Medien und Feministinnen in aller Welt feiern ließ, quälten Bruce/Brenda bereits Selbstmordgedanken. Und das im Alter von elf Jahren. All das wurde von Money ignoriert oder umgedeutet. Er bezeichnete „Brenda" in der Öffentlichkeit wider besseres Wissen als völlig normales und fröhliches Mädchen[79].

Als die Situation für Bruce/Brenda und seine Familie immer unerträglicher wird, entscheiden die Eltern auf Anraten eines lokalen Psychiaters, das Money-Experiment abzubrechen und den Zwillingen reinen Wein einzuschenken. Der damals 14jährige Bruce/Brenda fühlte sich, wie er später schreibt, erleichtert: „Suddenly it all made sense why I felt the way I did. I wasn't some sort of weirdo. I wasn't crazy."[80]

Er nimmt den Namen David an, lässt sich die Brüste entfernen, Penis und Hoden, so gut das damals ging, wieder herstellen. Später beschreibt er gemeinsam mit dem Journalisten John Colapinto seinen Leidensweg in dem Buch „As Nature Made Him: The Boy Who Was Raised as a Girl". Trotzdem hat er dieses brutale Menschenexperiment nie ganz verarbeiten können. 2004 begeht David Reimer Selbstmord, bereits zwei Jahre zuvor hatte sich sein Zwillingsbruder das Leben genommen. Colapinto über den Selbstmord von David Reimer: „Just before he died, he talked to his wife about his sexual „inadequacy," his inability to be a true husband."[81]

Erst danach wurde das von Genderisten und Feministinnen so gerne angeführte und zitierte Money-Experiment stillschweigend aus der einschlägigen Literatur gestrichen. Nach der Euphorie nur betretenes Schweigen und Verleugnung. Mittlerweile distanzieren sich die Genderisten von Moneys Experiment, versuchen seine enorme Bedeutung für die Gender-Theorie kleinzureden, halten aber an seinen Kernaussagen und Theorien unbeirrt fest. So schreibt etwa Franziska Schößler in ihrem 2008 erschienenem Buch „Einführung in die Gender Studies": „Es sind vor allem kulturelle Akte, die einen Mann zum Mann machen."[82] Nun ja, Money ist jedenfalls ein würdiger Gründervater für eine durch und durch menschverachtende und perverse Ideologie.

Die Genderisten haben ihre Lehren aus dem tödlichen Money-Experiment gezogen. Sie versuchen erst gar nicht mehr, ihre kruden Thesen und Behauptungen naturwissenschaftlich zu unterfüttern oder gar zu beweisen. Gender Studies gehören, wenn überhaupt, zu den „weichen" Wissenschaften.

2010 machte der bekannte norwegische TV-Macher, Komiker und Soziologe Harald Eia in einer Reportage-Serie mit Namen „Hjernevask" (zu Deutsch Gehirnwäsche) auf die fehlende wissenschaftliche Basis und die obskuren Theorien und Behauptungen der Genderisten aufmerksam. Ihm gelang es dabei, die führende Gender-Feministinnen Norwegens bloßzustellen. Als Folge dieser Serie wurde sogar das millionenschwere norwegische Gender-Institut NIKK geschlossen[83].

Eia hatte unter anderem aufgezeigt, dass im Gender Mainstreaming-Musterland Norwegen, auch nach rund 25 Jahren offizieller Gender-Politik, sich Frauen für traditionelle Frauenberufe und Männer für Männerberufe entscheiden, trotz aller Quoten, Richtlinien, Kampagnen und Initiativen. Mehr noch, in armen Ländern ohne jegliche Frauenförderung haben Frauen mehr Interesse an technischen Berufen als in Norwegen. Sie suchen sich primär einen Job, um der Armut zu entkommen, egal ob Technik oder nicht. Im reichen Norwegen wollen Frauen hingegen einen Beruf, der ihren Neigungen entspricht und das ist, trotz aller Gender-Maßnahmen, eben ein typischer Frauenberuf. Soll heißen, je freier Frauen in ihrer Berufswahl sind, desto häufiger entscheiden sie sich für Frauenberufe. Eia sprach deshalb vom „norwegischen Gleichstellungsparadoxon".

Außerhalb Norwegens wurde diese TV-Serie und von den Mainstream-Medien und der Politik fast völlig ignoriert, zeigte sie doch deutlich die Widersprüche, Ungereimtheiten und Bruchstellen dieser modernen Pseudowissenschaft auf. Die linken Weltverbesserer in Politik, Medien und Kultur haben keine Lust, sich mit lästigen Kritikern auseinanderzusetzen und sich ihre Utopie durch stichhaltige Argumente oder Empirie madig machen zu lassen, deshalb ignoriert bzw. diffamiert man solche unbequemen Geister. Weshalb es auch so wenige von ihnen gibt.

Als der renommierte Evolutionsbiologe Ulrich Kutschera von der Universität Kassel einen Artikel über Gender Studies mit dem Titel „Universitäre Pseudowissenschaft" schrieb, wurde dieser vom humanistischen Pressedienst sofort zensuriert[84], sprich entfernt. Es gibt keinen wissenschaftlichen Diskurs über Gender Studies, deren Protagonisten haben es geschafft, im universitären Bereich und weit darüber hinaus ein Klima der Angst und Einschüchterung zu schaffen und der Mehrheit mit religiösem Eifer ihre völlig obskuren und irrationalen Vorstellungen zu diktieren. Wer es wagt, die abstrusen Thesen und Behauptungen der Genderisten zu hinterfragen oder zu kritisieren, der muss mindestens mit einem gewaltigen Shitstorm der stets wach- und unduldsamen Gender-Apologeten rechnen. Etwa die junge Autorin und Feuilletonredakteurin der „Welt", Ronja von Rönne, die es gewagt hatte, Feminismus und Gender-Politik zu kritisieren. Unter anderem schrieb sie: „Gerechtigkeit ist für den Feminismus ein 50-Prozent-Anteil, außer bei Scheißjobs."[85] Ein gewaltiger Sturm der Empörung brach danach los, bis hin zu offenen Morddrohungen, bezeichnenderweise wurde dabei immer wieder ihre adelige Herkunft thematisiert und kritisiert.

Die feministisch geprägten Gender Studies stehen jedenfalls im eklatanten Widerspruch zu den Erkenntnissen der Biologie und der modernen Naturwissenschaften. Daran sind allerdings nicht die

Genderisten, sondern die Biologen schuld. Denn, die Biologie ist nach Auffassung der Genderisten „ein gesellschaftliches Unternehmen und das von ihr produzierte Wissen ein gesellschaftlich, kulturell geprägtes Produkt."[86] Oder einfacher ausgedrückt, Biologen mit noch nicht gegendertem Bewusstsein erfinden und schaffen erst die an sich nicht vorhandenen geschlechtsspezifischen Unterschiede mit dem Ziel, das patriarchale Unterdrückungssystem zu stärken und zu verfestigen.

Nicht Chromosomen und Hormone, sondern Biologen sind für die Unterschiede zwischen Mann und Frau verantwortlich. Deshalb gehören Sätze wie, „Naturwissenschaften konstruieren Wissen, das den gesellschaftlichen Systemen zuarbeitet"[87] zum Standardrepertoire der Genderisten. Hardcore-Genderistinnen gehen sogar noch einen Schritt weiter. „Anatomie ist ein soziales Konstrukt", schreibt Judith Butler. Es sei nämlich reine Willkür, Menschen in Frauen und Männer einzuteilen, genauso gut könnte man sie nach Größe oder Haarfarbe sortieren. Folgerichtig schreibt auch die Österreichische Hochschülerschaft im „Kommentierten Vorlesungsverzeichnis der Lehrveranstaltungen zu feministischen Theorien, Gender und Queerstudies", von der „aufoktroyierten Norm der Zweigeschlechtlichkeit."[88] Dabei beruft man sich unter anderem darauf, dass es schließlich Menschen mit nicht eindeutig zuordenbarem Geschlecht (Zwitter, Hermaphroditen) oder Männer, die sich als Frauen fühlen etc. gibt und begeht dabei gleich zwei Fehler. Erstens gibt es trotz seltener Missbildungen und Anomalien „biologisch nun einmal die zwei Geschlechter, manifestiert über unterschiedliche Chromosomen, Geschlechtszellen, Hormone."[89] Kurt Kotrschal, Leiter der Konrad-Lorenz-Forschungsstelle in Grünau und Zoologe an der Uni Wien: „Menschen mögen ihre evolutionäre Herkunft verleugnen, können sie aber nicht einfach abstreifen."[90] Der zweite Fehler: Als soziale Konstruktivisten schließen Genderisten fälschlicherweise von „nicht eindeutig definierbar" auf „sozial konstruiert". Wie auch immer, mit Argumenten und Fakten kann man weder Gläubige noch Genderisten überzeugen. Zweigeschlechtlichkeit ist ein soziales Konstrukt zur Unterdrückung der Frau. Basta.

Die Ansätze der Genderisten sind von moderner experimentell-analytischer Wissenschaft meilenweit entfernt und bedeuten einen Rückfall in dunkle vorwissenschaftliche Zeiten. Gender Studies als dumpfe interessensgeleitete Pseudo- oder Antiwissenschaft. Die Genderisten haben jeglichen ernstzunehmenden wissenschaftlichen Anspruch in ihrer ideologischen Mülltonne entsorgt. Das Erschreckende daran ist, wie schnell und leicht ihnen das gelungen ist. Widerstand gibt es kaum, selbst die brillantesten Naturwissenschaftler haben sich dem enormen sozialen Druck gebeugt und legen sich nicht mit den Gender-Priesterinnen und ihrer Schar an Gläubigen in Politik, Medien und sozialen Netzwerken an. Die größten Feigheiten der Welt entspringen der Angst, nicht fortschrittlich genug zu erscheinen, hat der französische Schriftsteller Charles Péguy bereits vor rund 100 Jahren geschrieben. Weshalb auch Politiker aus den Unionsparteien und der ÖVP auf den Gender-Zug aufgesprungen sind. Und Fortschritt hat in Europa des neuen Jahrtausends nur noch wenig mit Technik, Naturwissenschaft und Forschung zu tun.

Dermaßen befreit von allen formalwissenschaftlichen Zwängen, wie reproduzierbaren Versuchen oder strenger Methodik, kann man frei von der Leber weg pseudowissenschaftlich herumschwurbeln, beeindruckend klingende Phantasievokabeln und Phrasen erfinden, um den linken gesellschaftspolitischen Utopien einen halbwegs seriösen wissenschaftlichen Anstrich zu geben. Aber selbst das gelingt nicht überzeugend. Schließlich wollen Genderisten im Gegensatz zu echten Wissenschaftlern nicht die Welt und die Gesellschaft verstehen und erklären, sie wollen sie nur nach ihren Vorstellungen umgestalten, so wie ihr geistiger Übervater Karl Marx: „Die Philosophen haben die Welt nur verschieden interpretiert, es kommt darauf an, sie zu verändern."[91]

Die fehlende wissenschaftliche Basis hat der Gender-Theorie nicht geschadet, im Gegenteil. Gender Mainstreaming ist in praktisch allen westlichen Nationen zur Staatsdoktrin erhoben worden. Sie wurde zum politischen Leitfaden erklärt. Und das ohne jede demokratische Legitimation. Gender Mainstreaming wurde den Menschen, ohne sie zu fragen und ohne sie darüber abstimmen zu lassen, übergestülpt. Man weiß warum, die Mehrheit der Bürger lehnt diese Ideologie mit all ihren absurden Auswüchsen und Regeln entschieden ab[92].

Wer diese durch und durch undemokratische Vorgangsweise zu kritisieren wagt, der wird im paternalistischen Tonfall damit abgespeist, dass es sich bei „Gender Mainstreaming" ja nur um harmlose Frauenförderung und um Emanzipation handle, ja Gender Mainstreaming und die Gender-Theorie seien zwei unterschiedliche Paar Schuhe[93], was allerdings denselben Wahrheitsgehalt wie die Aussage hat, dass der Islam nichts mit dem Islamismus zu tun habe. Kritiker der Gender-Ideologie werden mittlerweile effizient und zügig von Politik, Medien und den diversen Gender-Lobbys, ohne auch nur auf ihre Bedenken und Argumente einzugehen, als homophob, sexistisch, faschistisch und was es sonst noch an politisch-korrekten Todsünden gibt, abgestempelt, diffamiert und entsorgt.

Denn natürlich geht es um mehr als um „Gleichberechtigung", als um Girlsdays und Frauen beim Bundesheer, sondern um viel mehr.

Das sozialistische Feindbild ist von den bösen ausbeuterischen Kapitalisten auf den (primär westlichen heterosexuellen) Mann ausgedehnt worden, jetzt geht es nicht nur mehr um die klassenlose, sondern um die klassen- und geschlechtslose Gesellschaft, um eine kastrierte Gesellschaft als einheitliche breiige Masse ohne Unterschiede. Sozialistische Gleichheitsideologie, Marx 4.0. Die Geschichte wiederholt sich, zuerst kommt die Tragödie, dann die Farce.

Und wer steht dem Ziel von der absoluten Gleichheit aller Menschen im Wege? Der Mann, sofern er sich nicht dem Diktat der Genderisten unterwirft und sein fehlgeleitetes männliches Rollenbild gegen das neue gegenderte á la Conchita Wurst oder Profx. Lann Hornscheidt[94], einer Gender-Professorin, die sich als geschlechtsloses Fabelwesen vermarktet, auswechselt. Es geht deshalb bei Gender Mainstreaming nicht um die ohnehin schon verwirklichte Gleichstellung, es geht um die systematische Zerstörung der männlichen Identität respektive um die Verweiblichung der Gesellschaft. Selbst Harald Martenstein, Redakteur der in diesen Dingen unverdächtigen „Zeit" schreibt: „Wer mit Gender-Forscherinnen ins Gespräch kommen will, darf sich nicht daran stören, dass das Wort „männlich" durchgängig negativ besetzt ist."[95]

Männlichkeit und alles was damit in Verbindung gebracht wird, wie Leistungs- oder Risikobereitschaft, Heldenmut[96], Konkurrenzdenken etc., als soziale Störfaktoren, die auf dem Weg in eine gerechtere und friedlichere Welt beseitigt werden müssen. Und wo fängt man am besten an? Bei den ganz Kleinen, in den Kindergärten und in den Schulen. Auch das ist altbewährte sozialistische Praxis.

Der schädliche Einfluss der Eltern soll so weit wie möglich minimiert und im Idealfall völlig ausgeschaltet werden. Ihre überkommenen Werte und Vorstellungen sollen nicht die kindlichen Gehirne kontaminieren. Deshalb kämpfen die neosozialistischen Genderisten für eine möglichst umfassende und lückenlose staatliche Erziehung, also für die flächendeckende Indoktrination aller jungen Untertanen, wie seinerzeit in der DDR. Auch dort gab es, wie jetzt erneut von linker Seite massiv gefordert, staatliche Kinderkrippen, Ganztagskindergärten und Ganztagsschulen. Die Kollektivierung der Kindererziehung ist ein wichtiges Anliegen und Instrument aller Feinde der Freiheit.

Mit vorgeschobenen Argumenten, wie Sprachdefizite, Lernerfolge etc., fordern SPÖ, Teile der ÖVP und Grüne seit vielen Jahren vehement eine immer längere Kindergartenpflicht. Die Kleinen sollen so schnell wie möglich dem schädlichen, weil nicht kontrollierbaren, Einfluss der Familie entzogen und der staatlich Obhut übergeben werden.

Je früher desto besser. Deshalb muss auch Mama so schnell wie irgend möglich wieder in den Arbeitsprozess eingegliedert werden. Ob sie will oder nicht. Es geht um ein staatliches Erziehungsmonopol und um die völlige Entmündigung der Eltern. Erziehung darf keine Privatsache mehr sein. Der sozialistische Nanny-Staat kümmert sich um alles, auch um die Erziehung, sprich Indoktrinierung, damit der entwurzelte Bürger ohne engere Eltern- und Familienbindung möglichst abhängig vom Staat und seinen Leistungen wird. Während der Staat, seine Organe und die linken Ideologen bei Familienclans aus dem arabischen Raum, mit ihren starken Strukturen, mit ihrem festen Wertegefüge und Zusammenhalt schnell an ihre Machtgrenzen stoßen[97], ist der bindungs-, traditions-, orientierungs- und zunehmend auch geschlechts- und identitätslose autochthone Bürger sehr leicht zu lenken und zu manipulieren.

Seit Jahren wird die klassische Vater-Mutter-Kinder-Kernfamilie von den Neosozialisten in Politik, Medien, Kultur und Wissenschaft als Hort von Gewalt, sexuellem Missbrauch, Faschismus und anderen Grauslich- und Spießigkeiten dargestellt. Wann haben Sie zuletzt in TV, Film oder auf der Bühne eine glückliche und intakte Familie gesehen? Eben. Selbst in modernen öffentlich-rechtlichen TV-Heimatschnulzen wie dem Bergdoktor werden mittlerweile sogenannte Patchwork- und Regenbogenfamilien als moderne und besonders erstrebenswerte Formen des Zusammenlebens präsentiert. Staatsfernsehen im Dienste des Staates. Auch das nichts Neues.

Die linke Filmemacherin Ruth Beckermann hat es in einer Club 2-Sendung im ORF ohne die üblicherweise vorgeschobenen Argumente und Floskeln ganz offen ausgesprochen. In der Diskussionsrunde meinte sie, dass Kinder möglichst rasch von staatlichen Erziehungseinrichtungen übernommen werden sollten, weil sie in den Familien ohnehin nur von alkoholisierten Eltern mit rechtem und nationalistischem Gedankengut verseucht würden.[98]

Nicht mehr Vater und Mutter, bzw. Elter1 und Elter2, wie besonders fortschrittliche Genderisten zu sagen pflegen, sollen darüber bestimmen können, welche Werte und Einstellungen ihren Kindern vermittelt werden, sondern der neosozialistische Staat.

Das Ganze macht man den Müttern mit Argumenten und Schlagworten wie Selbstverwirklichung, berufliche Karrierechancen, Unabhängigkeit etc. schmackhaft. Dass trotz dieser Dauerpropaganda die Mehrzahl der Mütter sich lieber länger um ihre Kinder kümmern würde, wenn sie es sich finanziell leisten könnten, wird von den Volksvertretern gerne ignoriert. Wer sich länger um seine Kinder kümmern möchte, als es der Staat und die linken Gender-

Gouvernanten goutieren, der wird als Heimchen am Herd, als ewig gestriges Auslaufmodell oder als Dummchen diffamiert. Die moderne Frau orientiert sich hingen an Lebensentwürfen aus „Sex and the City" oder – noch schlimmer - dem Programm der SPÖ-Frauen.

Wer nicht mitschwimmt ist vom reaktionären Geist der Eltern beeinflusst. Diesen Teufelskreis gilt es nun zu durchbrechen. Wenn dann ein äußerst populärer Sänger, wie Andreas Gabalier, sich erdreistet, in einem Interview zu sagen, dass „es Kindern guttut, wenn ihre Mutter länger zu Hause bleibt und sich um sie kümmert"[99], dann wird ein gewaltiger politischer und medialer Shitstorm gegen ihn entfacht, und in den sozialen Medien geifert das gut dressierte politisch-korrekte Fußvolk. Die überwiegend linken Musikerkollegen distanzieren sich empört, angewidert und öffentlichkeitswirksam vom reaktionären Volks-Rock'n Roller und halten das auch noch für einen couragierten und mutigen Akt.

Die Dogmen und Ziele der Genderisten darf niemand ungestraft hinterfragen. Die Intoleranz und der Hass der Toleranten gegenüber anderen Meinungen und Lebensentwürfen überrascht in ihrer Heftigkeit und Vehemenz immer wieder. Schritt für Schritt gelingt es diesen ideologischen Eiferern, demokratische Errungenschaften wie Meinungs- und Pressefreiheit de facto und immer öfter auch de jure einzuschränken.

Auch der Einsatz linker Politiker, Wissenschaftler und Medien für die Ganztagsschule ist rein ideologisch motiviert, es gilt, die Kinder möglichst lang von den Eltern fernzuhalten. Familie, Privatheit, Freiheit, eigenständiges Denken und Handeln, all das gilt es zu bekämpfen auf dem Weg zu einer gerechteren Gesellschaft. Der neosozialistische Staat will seine Macht auf alle gesellschaftlichen Bereiche ausdehnen. Familien sind dabei ein lästiger Störfaktor, den es zu beseitigen gilt. Und dabei ist man schon sehr weit gekommen. Von den einstigen Familienstrukturen mit Mutter und Vater ist, zur Freude der staatsgläubigen Linken, recht wenig übriggeblieben. Europäische Kinder wachsen, ganz nach den Vorstellungen der Genderisten, in einer weitgehend vater- und männerlosen Gesellschaft auf.

Das Bildungssystem ist völlig verweiblicht. Die Chancen, dass ein Junge vor seinem zehnten Lebensjahr auf einen männlichen Lehrer oder gar Kindergärtner trifft, sind äußerst gering. Der Anteil von Kindergärtnern liegt in Österreich derzeit bei gerade einmal 0,8 %.[100] An den Pädagogischen Hochschulen ist nur jeder fünfte Studierende ein Mann. Bei den angehenden Volksschullehrern liegt der Anteil der Männer sogar unter 10 %.[101]

Die politischen Bemühungen, mehr Männer für pädagogische Berufe zu begeistern, halten sich in Grenzen. Gerade in diesem für die Durchsetzung und Verbreitung der Gender-Ideologie so wichtigen und sensiblen Bereich kann man mit Männern nichts anfangen. Nicht umsonst stellt das deutsche Männernetzwerk Manndat e.V. fest: „Das ist politisch nicht wirklich erwünscht."[102] Viele Genderistinnen halten männliche Lehrer sogar für gefährlich. Etwa Hannelore Faulstich-Wieland von der Universität Hamburg. Sie warnt öffentlich, dass Lehrer „Jungen auf ein Stereotyp von Männlichkeit programmieren."[103] Außerdem, so Faulstich-Wieland, würde der Ruf nach mehr Lehrern den Lehrerinnen unterstellen, sie würden keine gute Arbeit leisten.

Unsere Kinder wachsen deshalb in einem fast ausschließlich von Frauen dominierten und geprägten Umfeld auf, Männer spielen kaum noch eine Rolle, oftmals nur noch als 14-Tage-Wochenend-

Vater. Aber das ist gewollt. Väter werden von Gerichten bei Sorgerechtsstreitigkeiten oder bei Jugendämtern systematisch diskriminiert, zu ihren primären Aufgaben gehört es zu zahlen, Punkt. Die traditionelle Familie hat ausgedient. Alle anderen alternativen Formen und Lebensweisen werden massiv propagiert. Deshalb stellt man auch der bunten fröhlichen „Regenbogenfamilie" die triste und graue Normalo-Familie gegenüber. In der Broschüre „Echte Vielfalt unter dem Regenbogen", die für Grundschulkinder in Schleswig-Holstein gedacht ist, heißt es deshalb folgerichtig:

„Manchmal gibt es zwei Mamas oder zwei Papas. Gelegentlich gibt es einen Papa, der früher einmal eine Frau war oder eine Mama, die früher einmal ein Mann war. Bei lesbischen Mamas, schwulen Papas oder Eltern, die ihr Geschlecht ändern, sprechen wir von einer Regenbogenfamilie. Eigentlich ist es egal, wer mit wem wie genau verwandt ist."[104]

Ja, alles egal, solange Lena und Max (bei Klein-Mustafa und seinem Macho-Papa enden Macht und Einflussbereich der Gender-Feministinnen ja recht abrupt) keine spießigen heterosexuellen Eltern haben, und um die wirklich wichtigen Dinge kümmert sich ohnehin Mama Staat.

Da sind selbst ausgebeutete Leihmütter aus der Dritten Welt, die gegen ein Körberlgeld Kinder für schwule Pärchen austragen, kein Problem für linke Gerechtigkeitsfanatiker. Aber immerhin wird in der Broschüre für die Grundschulkinder in Schleswig-Holstein noch angemerkt: „Hin und wieder gibt es einen Papa und eine Mama."

Wie schön! Hin und wieder ist vielleicht etwas verzerrt dargestellt, eigentlich trifft das, dank der bösen Biologie, auf ziemlich genau

100 % der Kinder zu. Als Erzeuger lässt sich der Mann, auch über den Umweg von Samenbanken, leider noch nicht völlig entsorgen, als Vater, Lehrer und Erzieher aber sehr wohl. Das weitgehend entmannte und verweiblichte Umfeld, in dem die Kinder aufwachsen müssen, hat dramatische und fatale Folgen für alle Kinder, in erster Linie aber für die Jungen.

Jedenfalls jubeln Feministinnen und Genderistinnen über ihre „Erfolge" im Schulsystem. Mädchen haben die besseren Noten, machen öfter Matura (Abitur) und treiben seit einigen Jahren den Akademikeranteil (wenn auch nur in ganz bestimmten Studienrichtungen) nach oben. Mädchen tun sich in einem verweiblichten Umfeld leichter als Buben. Erstaunlich, wer hätte das gedacht?

Sogar der linke Spiegel schreibt: „Das Schulsystem produziert haufenweise Verlierer - die Mehrheit ist männlich. Schon im Kindergarten werden Mädchen deutlich bevorzugt, auch in der Schule müssen Jungs um Aufmerksamkeit und gute Noten kämpfen. Ursache des Problems: Kitas und Grundschulen sind fest in weiblicher Hand (…) Das zunehmende Verschwinden von Männern aus den Schulen erschwert gerade den Jungen die Auseinandersetzung mit der eigenen Rollenidentität."[105] Bingo! Genau darum geht es den Genderisten. Jungen werden in Kindergärten und Schulen männliche Verhaltensweisen abtrainiert. Sie verweichlichen und verweiblichen, wie der renommierte Autor und Erziehungswissenschaftler Wolfgang Bergmann konstatiert: „Kleine Männer wollen laut sein, raufen, sich beweisen und trotzdem geliebt werden. Doch dafür ist in der pädagogisch korrekten Frauenwelt von heute kaum noch Platz."[106]

Und wenn die gemäß der Gender-Theorie abgerichteten Jungen und jungen Männer trotz allem besser als Mädchen abschneiden, dann greift man gerne zu unfairen Tricks. Laut einer Studie im Auftrag der Vodafone-Stiftung erhalten Mädchen im Schnitt bessere Schulnoten als Jungs (2,58 versus 2,67) - obwohl sie in standardisierten Leistungstests sogar schlechter abschneiden![107] Anders ausgedrückt, das weibliche Lehrpersonal gibt seinen Geschlechtsgenossinnen bessere Noten, obwohl sie schlechter abschneiden. Ähnliches passiert auch auf den Medizinunis in Österreich. Weil die jungen Frauen Jahr für Jahr schlechter beim Aufnahmetest fürs Medizinstudium abgeschnitten haben als die Männer und weniger Frauen den Test bestanden haben[108], obwohl weit mehr antraten, witterte der Verband sozialistischer Studentinnen Diskriminierung und forderte die Abschaffung des „unfairen und diskriminierenden Tests."[109] Dass Männer beim Test durchschnittlich besser abschnitten als Frauen bezeichneten die linken Studentenvertreter als „bodenlose Frechheit". Aber beim linken Gleichheitswahn geht es eben nicht um gleiche Chancen für alle, sondern um gleiche Ergebnisse, egal wie unterschiedlich sie auch sein mögen. Und das bedeutet zwangsläufig eine Nivellierung nach unten. Man „löste" das „Problem" vorübergehend damit, dass man den Frauen einfach mehr Punkte gegeben hat als den Männern, einfach weil sie Frauen sind. Wer Gynäkologe oder Notarzt werden darf, entscheidet also nicht nur mehr Können, Leistung und Einsatz, sondern das richtige Geschlecht, natürlich auf Kosten der Patienten. Wer bei einer Quoten-Chirurgin unter dem Messer liegt, darf sich gratulieren. Das nennt man in diesen Kreisen übrigens Gerechtigkeit.

Die Abwesenheit der Männer in der institutionellen Erziehung ist eine Katastrophe. Ein feminisiertes Schul- und Bildungssystem produziert zwar viele männliche Versager und trotz aller in dieser Richtung ohnehin eher halbherzigen Gender Mainstreaming-Maßnahmen vor allem Schulabgängerinnen, die sich wie eh und je für typisch weibliche Berufe und Studienrichtungen entscheiden.

Während Psychologie, Publizistik und Soziologie von Frauen regelrecht gestürmt werden, hält sich der weibliche Andrang bei den für die Zukunft eines hochentwickelten Industriestaats so wichtigen MINT-Fächern in überschaubarem Rahmen. Der Studentinnen-Anteil an der Technischen Universität Wien liegt bei gerade einmal 28 %.

Ganz anders sieht es bei den weichen Studienfächern aus. Bei den Gender Studies oder bei Musik- und Bewegungserziehung liegt der Frauenanteil bei 89,4 % bzw. 93,6 %. Das gegenderte und verweiblichte Schulsystem benachteiligt nicht nur Jungen und junge Männer, es führt die europäischen Länder in eine ökonomische Sackgasse. Europa ist gerade dabei, den internationalen Anschluss zu verlieren. Wirtschaftswachstum, Innovation und technischer Fortschritt finden mittlerweile in anderen Weltregionen statt. Während Österreichs Frauenministerin Gabriele Heinisch-Hosek, Grüne und Mainstream-Medien über die vielen neuen Akademikerinnen, also primär über Tanztherapeutinnen, Psychologinnen, Lebensberaterinnen etc. jubeln, klagen Industrie- und Wirtschaft über massive Probleme, qualifiziertes Personal für die Zukunftsbereiche Technik, Produktion oder Forschung zu finden.[110] Eine dramatische Entwicklung. In Europa haben nur 12 % aller Hochschulabsolventen ein Technikfach besucht. Zum Vergleich: in China sind es 31 %, also fast jeder Dritte. Aber in unserer durchgegenderten und verweiblichten Gesellschaft sind Psychologie oder „irgendetwas mit Medien" eben wesentlich trendiger, attraktiver und erstrebenswerter als diese langweiligen, nerdigen technischen und naturwissenschaftlichen Studienrichtungen.

Mehr als 700.000 chinesische Ingenieure und Ingenieurinnen schließen jedes Jahr ihre Ausbildung ab[111], während unser feminisiertes Bildungssystem massenhaft Psychologinnen und Theaterwissenschaftlerinnen hervorbringt. Wer im globalen Wettkampf künftig die Nase vorne haben wird, ist angesichts solcher Zahlen nur eine rhetorische Frage, und wie schon so oft in der jüngeren Geschichte, werden die sozialistischen Gesellschaftsingenieure mit den immer gleichen Schwierigkeiten konfrontiert: „The problem with socialism is you eventually run out of other people's money"[112] Der Ferne Osten forscht und entwickelt, Europa gendert.

Den Genderisten geht es, entgegen ihren Beteuerungen, eben nicht darum, dass Frauen auch männliche Berufe wie Techniker, Mechaniker, Müllmann, oder Maurer ergreifen. Das interessiert die Gender-Feministinnen in keiner Weise. In diesem Bereich gibt es deshalb auch keine Forderungen nach Frauenquoten und „Halbehalbe". Trotzdem ärgert es die Gender-Feministinnen gewaltig, dass man mit „männlichen" Berufen in der Regel mehr Geld verdient als mit typisch weiblichen. Denn überkommene Rollenbilder hin oder her, der Großteil der Frauen (inkl. und vor allem die genderbewegten) wollen auch weiterhin etwas mit Menschen, mit Medien oder etwas Kreatives machen. Völlig unabhängig davon, ob das der Markt, die Gesellschaft, die Wirtschaft oder überhaupt irgendjemand braucht oder gar freiwillig Geld dafür ausgeben will.

Deshalb wird das Gender-Märchen von der schlechter verdienenden Frau immer und immer wieder aufs Neue verbreitet. Es ist eines der beliebtesten Argumente der Genderisten und Feministinnen um die angebliche Ungleichheit und Ungerechtigkeit zwischen den Geschlechtern anzuprangern

Jedes Jahr feiern Genderistinnen etwa den „Equal Pay Day", das ist jener Tag, bis zu dem Frauen länger arbeiten müssen, um auf dasselbe Gehalt wie die Männer zu kommen. Der Equal Pay Day 2014 fiel auf den 31.März 2015. Frauen verdienen rund 25 % weniger als Männer. Stimmt. Und das zu Recht. Sie entscheiden sich schlicht für Berufe, mit denen man weniger verdient. Und das hat nichts mit Diskriminierung zu tun. Ein Beispiel: Ein heimischer Schweißer erwirtschaftet einen Jahresumsatz von bis zu 700.000 Euro, eine Frisörin gerade einmal ein Zehntel davon.[113]

Man kann es böse und ungerecht finden, dass Techniker, Ingenieure und Handwerker (auch weibliche) gefragter sind und mehr verdienen, aber das liegt weder am bösen Patriarchat, weder an irgendwelchen überkommenen Rollenbildern noch an der Unterdrückung der Frauen und schon gar nicht an gierigen männlichen Kapitalisten, sondern am simplen Gesetz von Angebot und Nachfrage, sowie an den menschlichen Bedürfnissen und Prioritäten. Oder einfacher ausgedrückt: Wenn im Winter die Gasheizung den Geist aufgibt und kaum noch Geld am Konto ist, dann werden sich wohl 99,9 % für die Reparatur der Heizung durch einen Installateur (Frauenanteil 0,9 %[114]) und gegen den neuen Haarschnitt (Frauenanteil am Friseurberuf 91,9 %[115]) oder einen Kurs in modernem Ausdruckstanz entscheiden. Das dürfte auch für die progressivsten Genderistinnen gelten. Auch sie frieren bekanntlich nicht gerne.

Und genau deshalb verdienen Installateure (auch die 0,9 % weiblichen) im Schnitt mehr als Friseure (egal ob männlich oder weiblich), weil ihre Dienstleistung und ihre Fähigkeiten für die meisten Menschen einen wesentlich höheren Wert und Nutzen haben als ein Haarschnitt. Daran ist nichts Sexistisches oder Diskriminierendes.

Dem könnte man bestenfalls mit staatlichen Eingriffen und sozialistischer Planwirtschaft begegnen. Dadurch würden die Frauen zwar nicht mehr verdienen, die Männer dafür aber deutlich weniger. Linke Gleichmacherei bedeutet immer Downgrading, sozialistische Planwirtschaft endet immer in Schulden, Armut, Rückständigkeit und Unterversorgung. Aber der neosozialistische Staat kümmert sich ohnehin rührend um seine Gender-Schäfchen. Er versorgt sie mit dem Geld, das er vorher den produktiv arbeitenden Menschen abgeknöpft hat, mit öffentlichen Stellen, Jobs, Aufträgen, Förderungen, Lehrstühlen etc..

Schon alleine aus diesem Grund wird niemals „Geschlechtergerechtigkeit" herrschen, da die Genderisten auch weiterhin versorgt sein wollen. Die milliardenschwere Gender-Industrie ist für die Zukunft und den Wirtschaftsstandort Europa extrem schädlich, nicht nur weil Unsummen an Steuergeldern völlig sinnlos verbraten werden, sondern weil man mit immer neuen und unverschämteren Forderungen, Regelungen und Vorschriften die Unternehmer drangsaliert und ihre Entscheidungsfreiheit immer weiter einschränkt. Aber Eigentum ist, nach linker Logik, ohnehin Diebstahl. Eines der beliebtesten Instrumente ist dabei die Frauenquote. Der Staat schreibt vor, wie viele Frauen eine Behörde, Dienststelle, Institution oder eben ein privater Unternehmer einstellen muss.

Unternehmerische Freiheit ist nur etwas für unverbesserliche und ausbeuterische Kapitalisten. Die Quoten dienen dazu, Männer bei Studien, die von Frauen bevorzugt werden, bei attraktiven Arbeitsplätzen oder bei Führungspositionen zu benachteiligen. Es geht schlicht um die Diskriminierung von Männern, allem Gerechtigkeitsgeschwurbel zum Trotz. Würde man diese Plätze ausschließlich nach objektiven Kriterien wie Qualifikation, Wissen, Intelligenz und Leistung vergeben, bräuchte man keine Quote, es gäbe keine Benachteiligung, Effizienz und Produktivität würden steigen. Eine klassische

Win Win-Situation, außer für Genderisten und andere Minderleisterinnen.

Deshalb sagt auch Österreichs Frauenministerin Gabriele Heinisch-Hosek in einem Interview völlig zu Recht: „Ich bin auch eine Quotenfrau, sonst wäre ich nicht dort, wo ich bin."[116] Ihre Performance als Bildungsministerin ist, man denke an die Pleiten-, Pech- und Pannenserie bei der Zentralmatura, das desaströse Abschneiden der von Ihr gehypten Neuen Mittelschule etc. wirklich katastrophal. Hunderttausende österreichische Schulkinder leiden an einer überforderten und inkompetenten Quotenfrau.

Die von den Gender-Feministinnen lautstark geforderten Frauenquoten gibt es immer nur für attraktive Jobs, Jobs mit guter Bezahlung, Jobs mit viel Macht, Jobs mit Prestige, Jobs mit politischem Gestaltungsspielraum, Jobs, die nicht allzu anstrengend oder gar gefährlich sind. Kurz, eine geschlechtergerechte Aufteilung wird nur dort eingemahnt, wo es sich für das weibliche Geschlecht auch auszahlt. Genderisten und Feministen haben hingegen kein Problem damit, dass etwa ausschließlich Männer die verstopften Rohre der Wiener Kanalisation reinigen. Wenn es stinkt, gefährlich, lebensbedrohend, besonders anstrengend, heiß oder schmutzig ist, dann dürfen die Männer ganz alleine ran. Da endet Gleichberechtigung ganz schnell und sie wird als das entlarvt, was sie für die meisten Genderistinnen ist, reine Rosinenpickerei.

Beispiel Militär. Zwar gibt es in den meisten westlichen Armeen mittlerweile und ganz vorbildlich einen mehr oder weniger großen Anteil an Soldatinnen, ihr Leben brauchen sie dabei allerdings nicht zu riskieren. Denn im Kampf an vorderster Front stehen fast ausschließlich Männer. Das schmutzige und unerfreuliche Töten und

Getötet werden bleibt, trotz eines steigenden Anteiles an Frauen in den Armeen, den Männern vorbehalten. In den US-Streitkräften sind Frauen von Fronteinsätzen ausgeschlossen. Deshalb sind in den amerikanischen Kriegseinsätzen der letzten Jahre und Jahrzehnte fast ausschließlich Männer getötet worden. In den Kriegen im Irak und in Afghanistan sind innerhalb von zehn Jahren rund 7.000 US-Soldaten ums Leben gekommen, gerade einmal 152 von Ihnen waren Frauen.

Alibifrauen beim Militär zwecks Gender-Propaganda. Gleichberechtigung ist bei Gender Mainstreaming eine Einbahn. Die Männer dürfen weiterhin die Drecksarbeit alleine machen, da sie aber dank jahrelanger Gender-Propaganda, verweiblichtem Schulsystem und konsequenter Umerziehung ebenfalls immer verweichlichter werden, nimmt auch bei ihnen die Bereitschaft für solche Jobs ab. Wie gut, dass es dafür Nachschub aus Ländern und Kulturen gibt, wo die „Rollenbilder" von Mann und Frau noch sehr, sagen wir, ursprünglich sind.

Einmal mehr werden Millionen von Menschen zu Versuchskaninchen eines sozialistischen Massenexperimentes. Die Bürger sind lediglich politische Verschubmasse, auch jene, die derzeit von der Gender-Ideologie besonders profitieren. Noch setzt sich die politisch-mediale Elite voller Elan für all ihre Bedürfnisse, Wünsche und Forderungen, mögen sie noch so überzogen und weltfremd sein, ein. Das rot-grüne Wien tut sich hier besonders hervor und feiert mit viel Steuergeldern fast schon im Wochenrhythmus bunte rauschende Feste der Toleranz, sexuellen Vielfalt oder was auch immer. Doch Vorsicht, dieses Engagement kann sehr schnell erlahmen oder gar umschlagen. Sind die politisch-korrekten Prediger, die sich in Sonntags- und Eröffnungsreden so gerne als mutige Kämpfer für

Gerechtigkeit- und Toleranz präsentieren, wirklich bereit, für die Rechte und Forderungen von Schwulen, Transsexuellen oder Frauen zu kämpfen, wenn es ernst wird, wenn der Gegner nicht ein längst ausgestorbener und herbeiphantasierter Nazi, sondern ein waschechter, quicklebendiger, frauenunterdrückender Islamist ist und er noch dazu eine sehr schnell wachsende Anhängerschar hat? Sprich, wenn es Heldenmut und Courage nicht mehr gratis gibt, wenn man dafür tatsächlich etwas tun oder gar riskieren muss. Ein Beispiel: Seit Jahrzehnten inszeniert sich Bundespräsident Heinz Fischer erfolgreich als glühender Kämpfer für Demokratie, Gerechtigkeit und Toleranz. Zu Recht? Die Verdoppelung von antisemitischen Vorfällen in Österreich innerhalb eines Jahres hat Fischer in einem Interview mit der „gewachsenen Sensibilität" vom Tisch gewischt. Sprich, es gibt gar nicht mehr Vorfälle. Der große Bedenkenträger Fischer, der seit Jahrzehnten mahnt, ignoriert ganz einfach den immer stärker aufkeimenden islamischen Antisemitismus in Europa, der der Grund dafür ist, warum immer mehr Juden den Kontinent verlassen. Das anzusprechen hätte allerdings Mut und Standhaftigkeit erfordert, beides besitzt Fischer ganz offensichtlich nicht. Der Präsident der Israelitischen Kultusgemeinde Wien, Oskar Deutsch, reagierte auf die Aussagen des Bundespräsidenten mit Unverständnis,[117] haben sie Fischers bisherige Haltung doch als reine Pose entlarvt. Beim kleinsten Gegenwind ist Fischers Engagement wie eine bunte Seifenblase geplatzt. Wenn es ernst wird, trennt sich die Spreu vom Weizen, das sollten auch die derzeitigen Profiteure der Gender-Ideologie im Hinterkopf behalten und einen Blick über den europäischen Tellerrand riskieren.

Vor allem, weil der Macht- und Einflussbereich der politischen Elite zusehends kleiner wird. Der Sieg der Genderisten ist lediglich ein Pyrrhussieg. Dunkle Wolken sind bereits am Gender-Himmel aufgezogen. Die, trotz der bei Hipstern gerade modernen Rauschbärte, die ja als Hilfeschrei des modernen urbanen Mannes verstanden werden müssen, zunehmend verweiblichte europäische Gesellschaft, die männliche Verhaltensweisen ablehnt, sanktioniert, aberzieht und unterbindet, hat keine Überlebenschancen. Dieses System wird noch schneller und lauter implodieren als der real existierende Sozialismus vor wenigen Jahren in Osteuropa.

Das lässt sich an den aktuellen Entwicklungen bereits jetzt unschwer erkennen. In Europa ist unter anderem durch die Gender-Politik ein Vakuum entstanden, das von den Angehörigen der Europa umgebenden vormodernen Kulturen rasch aufgefüllt wird. In den gegenderten Gesellschaften sinkt die Geburtenrate der autochthonen Bevölkerung dramatisch ab, was nicht gerade die beste Voraussetzung für den Fortbestand und den Erfolg einer Kultur oder Ideologie ist. Die Kommunisten sind den ökonomischen Tod gestorben, die Genderisten sterben den biologischen. Denn ihnen fehlt es nicht nur am Willen, sich zu reproduzieren, sondern auch an Überzeugungskraft, Vitalität, Durchsetzungsvermögen und Attraktivität, um die als Lückenfüller und Rentenzahler ins Land geholten Menschen vormoderner Kulturen umzuerziehen und für den Genderismus zu begeistern und zu gewinnen. Im Gegenteil. Während in Österreich Binnen-I, schwule Ampelpärchen oder die Bedürfnisse von Menschen mit selbst ausgedachten exotischen „Geschlechtern" Politik, mediale Berichterstattung und öffentlichen Diskurs bestimmen, läuft die Entwicklung in den immer größer werdenden europäischen Parallelgesellschaften aus dem islamischen und afrikanischen Raum in die genau entgegengesetzte Richtung. Während das rasch schrumpfende autochthone Europa die bärtige Drag-Queen Conchita Wurst als Sinnbild des neuen (geschlechtslosen) Menschen und der Toleranz bejubelt und gefeiert hat, ist diese Gender-Kunstfigur für sehr viele Neobürger aus dem islamischen und zum Teil auch aus dem orthodoxen osteuropäischen Raum ein Symbol der westlichen Dekadenz, der Perversion und des Niedergangs, sprich ein Feindbild und Hassobjekt. Nach dem Song-Contest Sieg von Conchita Wurst tauchten im Internet entsprechende Hasspostings von diesen Gruppen auf. Das Nachrichtenmagazin Profil berichtete: „Sollten die tausenden Hassposter (…) auch nur eine repräsentative Minderheit der zweiten und dritten Generation Zuwanderung darstellen, so können sich die Integrationsbeauftragten schon mal die Frage stellen, was sie in den letzten 30 Jahren falsch gemacht haben."[118]

An solchen Beispielen werden die tiefen Gräben und das enorme Konfliktpotential in den modernen europäischen Gesellschaften sichtbar, an denen mit Sicherheit nicht irgendwelche Integrationsbeauftragten schuld sind.

Eine so heterogene Gesellschaft muss an diesen inneren Widersprüchen, Verwerfungen und unterschiedlichen Wertvorstellungen zu Grunde gehen. Konflikte, Verteilungs- und Machtkämpfen sind unausweichlich. Die Gender-Ideologie ist nur ein kurzes Strohfeuer, allerdings eines, das einen ganzen Kontinent in Brand setzen kann. All diese Entwicklungen haben längst begonnen. Um all diese Zerfalls- und Transformationsprozesse erfolgreich ignorieren zu können, braucht man schon besonders dicke rosarote Brillengläser. Aber selbst die politisch korrekte Elite in Politik, Kultur und Medien stößt bei der Verschleierung und Umdeutung des kulturellen Niedergangs immer öfter an ihre Grenzen, weshalb man die Bürgerrechte immer weiter und schneller einschränken muss. Man sieht den Abgrund und steigt aufs Gas.

Die Genderismus wird so enden wie alle sozialistischen Experimente bisher.

[76] *Manfred Kleine-Hartlage, Warum ich kein Linker mehr bin, Schnellroda 2012*
[77] *http://www.faz.net/aktuell/politik/gender-mainstreaming-der-kleine-unterschied-1329701.html*
[78] *http://www.slate.com/articles/health_and_science/medical_examiner/2004/06/gender_gap.html*
[79] *ebenda*
[80] *ebenda*
[81] *http://www.slate.com/articles/health_and_science/medical_examiner/2004/06/gender_gap.html*
[82] *http://www.zeit.de/2013/24/genderforschung-kulturelle-unterschiede*
[83] *http://kurier.at/politik/ein-affront-fuer-die-genderforscher/822.768*
[84] *http://fazjob.net/ratgeber-und-service/beruf-und-chance/campus/126354_Heldenhafte-Spermien-und-wachgekuesste-Eizellen.html*
[85] *http://www.tagesspiegel.de/politik/shitstorm-gegen-ronja-von-roenne-der-nazi-vorwurf-ist-ein-ritterschlag/11881400.html*
[86] *http://fazjob.net/ratgeber-und-service/beruf-und-chance/campus/126354_Heldenhafte-Spermien-und-wachgekuesste-Eizellen.html*
[87] *http://www.zeit.de/2013/24/genderforschung-kulturelle-unterschiede*
[88] *http://www.oeh.univie.ac.at/sites/default/files/CMS/ff-ss12-kern_web_01.pdf*
[89] *http://diepresse.com/home/meinung/wisskommentar/3812391/Im-Dschungel-der-Geschlechter_Nachdenken-uber-GenderIdentitaet*
[90] *ebenda*
[91] *http://www.mlwerke.de/me/me03/me03_005.htm*
[92] *Wie z.B. bei der sogenannten geschlechtergerechten Sprache, also dem berüchtigtem Binnen-I. Laut Umfrage halten nur 12 % der Österreicher diese Schreibweise für sinnvoll: http://www.noen.at/nachrichten/noe/meinung/umfrage/Kaum-Befuerworter-fuer-Binnen-I-Co;art104932,553102*
[93] *So schreibt die linksextreme taz: „Gender Mainstreaming hat von der Gender-Theorie lediglich die Erkenntnis übernommen, dass die Geschlechterrolle auch eine sozial hergestellte ist." http://www.taz.de/1/archiv/?dig=2007/01/10/a0128*
[94] *http://www.lannhornscheidt.com/professorx/*
[95] *http://www.zeit.de/2013/24/genderforschung-kulturelle-unterschiede*
[96] *Europa ist im „postheroischen" Zeitalter angekommen, Helden (im traditionellen Sinn)*

haben ausgedient, was wiederum viele Nichteuropäer freut.

[97] Man denke nur an kriminelle Familienclans, vor deren Macht Richter, Staatsanwälte, Polizei und ganze Städte kapitulieren. Bereits 2010 titelte der Spiegel: „Arabische Großfamilien: Staat kuscht vor kriminellen Clans." (http://www.spiegel.de/panorama/justiz/arabische-grossfamilien-staat-kuscht-vor-kriminellen-clans-a-721741.html)

[98] http://www.oe24.at/media/Club2-als-politischer-Aufreger/468836

[99] http://wirtschaftsblatt.at/home/life/timeout/4697302/Andreas-Gabalier_Mutter-sollten-laenger-zu-Hause-bleiben

[100] „Der Standard" vom 24.02.2014

[101] http://diepresse.com/home/bildung/universitaet/4631433/Nur-wenige-Maenner-werden-Pflichtschullehrer

[102] http://www.faz.net/aktuell/beruf-chance/campus/geschlechterrollen-in-der-schule-faul-fahrig-junge-12145909.html

[103] http://www.zeit.de/2013/24/genderforschung-kulturelle-unterschiede

[104] http://www.welt.de/print/die_welt/hamburg/article136971174/Streit-in-Kiel-ueber-Aufklaerung-an-Grundschulen.html

[105] http://www.spiegel.de/schulspiegel/wissen/geschlechter-studie-schulen-benachteiligen-jungen-massiv-a-612997.html

[106] http://www.welt.de/debatte/kommentare/article6521441/Jungs-von-heute-verweichlicht-und-verweiblicht.html

[107] http://www.faz.net/aktuell/beruf-chance/campus/geschlechterrollen-in-der-schule-faul-fahrig-junge-12145909-p2.html (28.4.2015)

[108] Beispiel 2009; Weit mehr als die Hälfte der Bewerber waren Frauen, aber nur 43,5 % (Wien) bzw. 46,3 % (Graz) Frauen schaffen die Zulassung zum Medizin-Studium

[109] VSStÖ Presseaussendung vom 10.Sug.2009

[110] Broschüre der Industriellen Vereinigung MINT 2020

[111] Broschüre der Industriellen Vereinigung MINT 2020

[112] Legendäres Zitat von Margaret Thatcher (1925-2013), einer von allen Linken innig gehassten ganz großen Politikerin und Reformerin

[113] http://kurier.at/wirtschaft/wirtschaftspolitik/frauen-verdienen-zu-recht-weniger-als-maenner/122.633.984

[114] http://de.wikipedia.org/wiki/Liste_von_Frauenanteilen_in_der_Berufswelt#Ausbildungsberufe_2

[115] Wirtschaftskammer 2015, http://wko.at/statistik/BranchenFV/B_124.pdf

[116] „Österreich" vom 04.04.2015

[117] http://religion.orf.at/stories/2692506/

[118] Profil Nr.22; 2014

Eva-Maria Michels
Gender Mainstreaming – ein gesellschaftliches Umerziehungsprogramm

Die Vierte Weltfrauenkonferenz der Vereinten Nationen (UN), die 1995 in Beijing stattfand, ist der Ausgangspunkt des institutionellen Siegeszuges des Gender Mainstreaming. Bereits ein Jahr später, 1996, erklärte die Europäische Union (EU) dieses Prinzip zu ihrer Leitlinie. Seitdem findet es auf allen Ebenen sämtlicher europäischer Institutionen Anwendung. Die UN folgte 1997. Gender Mainstreaming ist seither als Arbeitsprinzip in den Statuten der Vereinten Nationen (UN) und ihrer Unterorganisationen verankert. Zur Durchsetzung dieses Prinzips wurde sogar extra der Posten eines Vize-Generalsekretärs und Sonderberaters geschaffen, dessen Aufgabe es ist, den Generalsekretär der UN in Fragen von Gender und dem Vorantreiben von Frauen-Belangen zu beraten. Ferner obliegt es ihm, die Umsetzung der Gender Mainstreaming-Prinzipien in allen Arbeitsbereichen der UN und ihrer Unterorganisationen zu fördern und zu überwachen sowie Fortschrittsberichte zu dem Thema. Gender Mainstreaming wird zudem über die UN und ihre Unterorganisationen immer stärker in Schwellen- und Entwicklungsländer exportiert. Damit ist Gender Mainstreaming zu einem Prinzip geworden, das weltweit auf sämtlichen Ebenen der Politik zur Anwendung kommt. Doch gleichzeitig wissen die wenigsten Menschen, was dieser Begriff wirklich bedeutet. Meistens wird er umgangssprachlich mit der Gleichberechtigung von Frauen gleichgesetzt. Doch geht es bei Gender Mainstreaming wirklich darum? Das European Institute for Gender Equality (EIGE) beschreibt Gender Mainstreaming auf seiner Homepage[119] folgendermaßen: „Das Hauptmerkmal des Prinzips von Gender Mainstreaming, das die EU-Kommission angenommen hat, ist die systematische Berücksichtigung der Unterschiede zwischen den Ausgangslagen, den Situationen und Bedürfnissen von Frauen und Männern. Dieser Ungleichheit muss in allen Politikbereichen und Aktionen der EU Rechnung getragen werden. Frauen sollen durch EU-Programme und Gelder nicht einfach nur stärker gefördert werden, sondern es sollen gleichzeitig rechtliche Instrumente, Finanzmittel und die analytischen und organisatorischen Fähigkeiten der EU mobilisiert werden, um den Wunsch nach gerechten Beziehungen zwischen Männern und Frauen in alle Bereiche einzuführen." Weiter heißt es auf der Webpage: „Gender Mainstreaming ist nicht ein Ziel an sich, sondern eine Strategie, um Gleichheit zwischen Frauen und Männern herzustellen. Sie wird benutzt, um Gender-Belange in alle politischen Entscheidungen und in die Programme der EU-Institutionen und Mitgliedsstaaten miteinzubeziehen." In umständlicher Bürokratensprache wird also erklärt, dass es sich bei Gender Mainstreaming nicht um die Gleichberechtigung oder Förderung von Frauen handelt, sondern um eine Strategie, durch die die bisherigen, als ungerecht empfundenen gesellschaftlichen Strukturen verändert werden sollen, um die Gleichheit von Mann und Frau zu gewährleisten. Doch was bedeutet ‚Gleichheit', wenn damit eben nicht gemeint ist, Männern und Frauen die gleichen Chancen zu geben, ihre Talente zu entfalten und am gesellschaftlichen Leben gleichwertig teilzunehmen? Zur Beantwortung dieser Frage ist es notwendig, die Bedeutung des englischen Wortes ‚gender' in seiner ganzen Dimension zu verstehen. ‚Gender' ist im Englischen nämlich nicht der Ausdruck für ‚Geschlecht' im Sinne von biologischem Geschlecht, sondern ist eigentlich ein Terminus, der sich auf das grammatische Genus eines Wortes bezieht. Auf Deutsch bedeutet

‚gender' also so viel wie Maskulinum, Femininum oder Neutrum. Das eigentliche Wort für Geschlecht ist im Englischen ‚sex'. Warum spricht man dann aber im Zusammenhang von Geschlechtergerechtigkeit nicht von ‚sex mainstreaming'? Ein Blick in die Geschichte der Frauenbewegung liefert die Erklärung: Frei nach Simone de Beauvoirs Ausspruch „Man wird nicht als Frau geboren, sondern zur Frau gemacht" bekämpfen die sogenannten Radikalfeministinnen seit den frühen 1970er Jahren alles, was in irgendeiner Weise mit dem traditionellen Frauenbild einhergeht. Frau zu sein, sowohl im biologischen als auch im identitären Sinne, wird als ungerecht empfunden und mit Minderwertigkeit und Unterdrückung durch das Patriarchat gleichgesetzt. Die Mutterschaft ist DAS Symbol schlechthin der biologischen Ungerechtigkeit, da nur Frauen gebärfähig sind. Aus diesem Grunde ist das ‚Recht' auf ‚reproduktive Gesundheit' (in unverschleierter Sprache würde man vom ‚Recht auf künstliche Empfängnisverhütung und Abtreibung' sprechen) von Anbeginn an eine der Hauptforderungen dieser Feministinnen. Sie wollen ihre Sexualität ebenso folgenlos ausleben können wie der Mann. Ihren realen Kampf gegen die ‚ungerechte Ungleichheit' unterlegen sie theoretisch: Sie dekonstruieren die geschlechtliche Identität von Mann und Frau. Nicht mehr das reale (für jedermann ersichtliche) biologische Geschlecht gilt als ausschlaggebend für die Geschlechtszuordnung, sondern das ‚soziale Geschlecht', ein ideelles Konstrukt, das ihrer Ideologie nach losgelöst von biologischen Fakten existiert. ‚Soziale Geschlechter' gibt es viele: Schwul, lesbisch, bi, trans, inter, queer um nur die bekanntesten zu nennen… Die bisherige Norm der Heterosexualität wird damit ideell aufgelöst und ist nur noch eine unter vielen möglichen Geschlechtermöglichkeiten. Bei der Verbreitung ihrer Ideologie stellt sich den Radikalfeministinnen allerdings ein linguistisches Problem: Wie können sie den Gegensatz des ‚sozialen Geschlechts' zur faktischen bipolaren Geschlechtlichkeit sprachlich ausdrücken? Wie können sie ihrer Ideologie sprachlich einen Hauch von Wissenschaftlichkeit und Seriosität verleihen? Die Benutzung des Begriffs ‚sex' scheidet aus, da er inhaltlich eindeutig an die biologische Geschlechtlichkeit von Mann und Frau gebunden ist. Die Lösung ist die Schaffung eines neuen Kunstwortes: der grammatische Begriff ‚gender' wird zweckentfremdet und muss seither dazu herhalten, der ‚Geschlechtervielfalt' einen Namen zu geben.

Um sich eine konkrete Idee von der Gedankenwelt der Gender Mainstream-Ideologen zu machen, bietet sich ein Blick in das Werk von Judith Butler an. Die Berkeley-Professorin, ein Star ihrer Zunft, schreibt in ihrem Buch ‚Bodies that matter': „Das ‚biologische Geschlecht' ist ein ideales Konstrukt, das mit der Zeit zwangsweise materialisiert wird. Es ist nicht eine schlichte Tatsache oder ein statischer Zustand eines Körpers, sondern ein Prozess, bei dem regulierende Normen das ‚biologische Geschlecht' materialisieren und diese Materialisierung durch eine erzwungene ständige Wiederholung jener Normen erzielen."[120] Weiter schreibt sie im Vorwort von 1999 ihres Buches ‚Gender Trouble': „Ich behaupte mit Sicherheit nicht, dass bestimmte sexuelle Praktiken bestimmte Gender hervorbringen, sondern dass unter den Bedingungen von normativer Heterosexualität die Gender-Kontrolle manchmal als ein Mittel eingesetzt wird, die Heterosexualität sicherzustellen."[121] Butler behauptet also, dass es Mann und Frau nicht gibt und dass auch der physische Körper eines Menschen keinem Geschlecht zugeordnet werden kann. Es gibt demnach auch keine feste (Geschlechter)Identität, sondern nur eine momentane sexuelle Orientierung. In der normativen Heterosexualität sieht Butler nicht das Abbild der biologischen Realität von Mann und Frau, sondern ein soziales Konstrukt zur Unterdrückung anderer sexueller Orientierungen, d. h. anderer gender. Jegliche nicht-heterosexuelle Orientierung ist ihrer Auffassung nach genauso ‚normal' wie die Heterosexualität und tritt nur wegen der heterosexuellen Dominanz seltener in Erscheinung. Butlers ultimatives Ziel ist deshalb die Zerstörung dieser heterosexuellen Dominanz. Erst wenn die Heterosexualität nicht mehr die Norm ist, sind die Menschen wirklich frei, ihre wahre augenblickliche sexuelle Orientierung voll auszuleben, erst dann gibt es keine Diskriminierung mehr. Der Weg zu diesem Idealzustand führt für Butler über die Frauenförderung. Diese Maßnahme stößt auf gesellschaftliche Zustimmung und ist ad extremum geführt zugleich ein Mittel, um die traditionellen Geschlechteridentitäten zu verwässern, ohne dass sich die Menschen der Manipulation bewusst werden. Sie schreibt dazu in ‚Gender trouble': „Es ist strategisch oder übergangsweise noch sinnvoll, sich auf die Frauen zu berufen, um in ihrem Interesse repräsentative Forderungen zu erheben."[122] Frauenförderung ist also nicht ein Ziel, sondern nur eine Zwischenetappe auf dem Weg zu einer sexuell vielfältigen Gesellschaft. Butler strebt nichts anderes an, als den Mensch vollständig von seiner Natur und von seinen biologischen Grundlagen zu emanzipieren. Sie leugnet schlichtweg, dass es so etwas wie eine geschlechtliche Natur gibt. Der Mensch soll zum autonomen Schöpfer seiner selbst werden.

Obwohl dieses realitätsferne Gender-Konzept wenig Chancen hat, außerhalb akademischer Kreise Anklang zu finden, ist es seinen Vertretern gelungen, sämtliche internationale und nationale Organisationen und Institutionen zu unterwandern. Dies geschah und geschieht vorwiegend über ein Netzwerk von Non-Governmental Organizations (NGOs) die vorgeben, Vertreter der Zivilgesellschaft zu sein. In Wirklichkeit handelt es sich bei einem Großteil dieser NGOs aber um finanzstarke Lobbygruppen. Judith Butler sagt in einem Interview selbst, dass „die Zivilgesellschaft der Ort wichtiger politischer Innovationen wird" (…) und dass „es wichtig ist, Lobbyarbeit zu betreiben, damit progressive Persönlichkeiten in die Führungsgremien von NGLTF [National Gay and Lesbian Task Force, älteste amerikanische LGBT-Interessensgruppe], LAMBDA [Lambda Legal Defense Fund, amerikanische LGBT-Gruppe, die für rechtliche Gleichstellung von LGBT-Personen kämpft], und vor allem von Human Rights Campaign [weitere LGBT-Interessensgruppe] kommen, deren Spenderbasis und deren politische Beziehungen nicht unterschätzt werden sollten."[123]. Butler selbst war eine Zeit lang Vorsitzende der ‚International Gay and Lesbian Human Rights Commission' (IGLHRC), einer NGO, die seit 2010 beim Wirtschafts-und Sozialrat der UN einen Beraterstatus genießt. Dies ist nur ein Beispiel für die subversive Lobbyarbeit unzähliger Gender-Aktivisten und LBGT-Gruppen. In der EU sieht es nicht besser aus: Die LGBT-intergroup, ein überparteiischer Klüngelklub im EU-Parlament, dessen Ziel das Vorantreiben der Gender-Agenda und die Förderung sexueller Minderheiten ist, hat gegenwärtig 130 Mitglieder und ist damit die größte Lobbygruppe im Europaparlament.[124] Die LBGT-Intergroup lässt sich vor allem vom regionalen Arm der International Lesbian and Gay Association, IGLA-Europe beraten. Diese LGBT-Lobbygruppe erhielt allein 2012 von der EU-Kommission 1,4 Millionen Euro (!) Fördergelder. Darüber hinaus wird sie gesponsert vom niederländischen Erziehungsministerium, vom amerikanischen State Department und von mehreren NGOs, darunter George Soros' The Open Society.

Den Gender-Aktivisten gelingt es, über diese Art von Lobbyarbeit die Handlungsrichtlinien sämtlicher internationaler Organisationen und Institutionen in ihrem Sinne neu auszurichten. Die einzelnen Mitgliedsstaaten müssen die Richtlinien anerkennen und gegebenenfalls in nationales Recht gießen. Regierungen, die bei der Umsetzung der Gender-Richtlinien zögerlich sind, setzen sich auf zwischenstaatlicher Ebene der Kritik aus, internationale Abkommen zu missachten. Inländische LGBT-Aktivisten wiederum können sich auf diese internationalen Abkommen berufen, um Druck auf ihre Regierungen von unten auszuüben. Auf diese subversive Weise hält die Gender-Ideologie Einzug in das Leben fast jedes Menschen.

Um Widerstand gegen diesen antidemokratischen Putsch von unten von vornherein auszuschließen, gehen die Gender-Aktivisten anfangs sehr behutsam vor. Sie kreieren neue Wörter, die im Sprachempfinden der meisten Menschen eine positive Konnotation haben, und verschleiern so, worum es wirklich geht. Zwei Beispiele sollen dies illustrieren.

Seit der Kairoer Weltbevölkerungskonferenz 1994 findet sich in fast allen offiziellen Dokumenten der Begriff „reproduktive Gesundheit und Rechte". Wer hat schon etwas gegen Maßnahmen zur Gesundheitsförderung und wer möchte schon einem anderen Menschen Rechte versagen? Wer es dennoch wagt, Einwände gegen „reproduktive Gesundheit und Rechte" vorzubringen, steht also moralisch erst einmal im Abseits – auch wenn sich hinter dem Kunstwort in Wirklichkeit nichts anderes verbirgt als einerseits die Förderung von Abtreibungen und der Zugang zur künstlichen Verhütung und andererseits ein Recht auf die Zuhilfenahme künstlicher Empfängnismethoden. Diese vom Standpunkt der traditionellen Ethik aus nicht unumstrittenen Eingriffe in die menschliche Biologie werden von den Gender-Aktivisten als individuelle Rechte auf Selbstbestimmung, körperliche Unversehrtheit und Nichtdiskriminierung gefördert und gefeiert. Auch diese Begriffe haben erst einmal eine positive Konnotation und werden erst dadurch problematisch, dass sie ideologisch umgedeutet werden. Im Gender-Jargon bedeutet Selbstbestimmung ein Recht auf Abtreibung, körperliche Unversehrtheit ein Recht auf das volle Ausleben jeglicher sexueller Präferenzen und die Kriminalisierung der freiwilligen (!) Therapie nicht-heterosexueller Neigungen. Nichtdiskriminierung ist die Kompensation der biologischen Sterilität nicht-heterosexueller Paare durch die Zuhilfenahme künstlicher Befruchtungsmethoden sowie die Kriminalisierung jeglicher Kritik an nicht-traditionellen heterosexuellen Beziehungen. Doch was wollen die Gender-Aktivisten konkret durch diesen Neusprech erreichen? Erstens soll die Frau ihrer biologischen Natur, der Rolle der Mutter, entfremdet werden, ohne dass die breite Öffentlichkeit die Folgen der Verletzung der Natur sieht. Zweitens wird die Heterosexualität als ein verbrecherisches Unrechtssystem stigmatisiert, das anderen sexuellen Orientierungen die „körperlichen Unversehrtheit" verweigert. Die Förderung sexueller Minderheiten ist da eine logische Reparation erlittenen Unrechts. Drittens sollen die realen biologischen Unterschiede zwischen Mann und Frau durch ein Flickwerk von Eingriffen in die Biologie nivelliert und somit ‚gerecht gemacht' werden. Die Frau soll durch die Förderung von Abtreibung und Kontrazeptiva ‚steriler' werden, während der Mann durch künstliche Befruchtungsmethoden ‚fruchtbarer' gemacht werden soll. Man will also glauben machen, dass Mann und Frau gleich, im Sinne von identisch, sind.

Das zweite Beispiel betrifft die Gender Mainstreaming-Strategie selbst, so wie sie gegenwärtig von den meisten Institutionen in Deutschland angewendet wird: als Frauenförderung. Da gleiche Rechte und Pflichten für Mann und Frau in der westlichen Welt längst etabliert sind und dennoch signifikante Unterschiede bei der Arbeitsteilung von Mann und Frau bestehen bleiben, die vielfach auf freier Wahl beruhen[125], sieht sich die bundesdeutsche Politik berufen, gegenzusteuern. Unter dem schön klingenden Begriff ‚Geschlechtergerechtigkeit' will sie dafür sorgen, dass sich Männer und Frauen mittelfristig in allen Lebensbereichen sämtliche Aufgaben mit genauer 50:50-Quote teilen. Um diesem Ziel näher zu kommen, erließ die Bundesregierung im März 2015 eine 30 %-Frauenquote für die Aufsichtsräte der 100 größten börsenorientierten Unternehmen Deutschlands.[126] Mit solchen Maßnahmen wird Geschlechtergerechtigkeit allerdings auf eine rein statistische Größe reduziert. Im Sinne der Gender-Ideologie ist dies jedoch nur logisch, denn jegliche natürlichen Unterschiede zwischen Mann und Frau werden ja geleugnet. Der gewollte Nebeneffekt der Gleichstellungsmaßnahmen ist die Auflösung traditioneller Rollenbilder in der öffentlichen Wahrnehmung. Das inzwischen negative Image der nur-Hausfrau und Mutter bestätigt dies. Entgegen ihrer ursprünglichen Intention integrieren sich immer mehr Frauen in den Arbeitsmarkt aufgrund von sozialem Druck. Die Politik unterstützt diese Entwicklung auf ihre Art: Durch Steuern und Abgaben lässt sie viele Arbeitnehmerfamilien so ausbluten, dass inzwischen oft ein Gehalt nicht mehr reicht und viele Frauen zum Familieneinkommen beitragen müssen. Die seit Jahren schleichende Inflation aufgrund einer ungedeckten Papiergeldwährung[127] tut ein Übriges, um die Finanzkraft der Familien weiter zu schwächen und die Frauen auf den Arbeitsmarkt zu zwingen. Die Gender Mainstreaming-Maßnahmen beginnen, eine gesellschaftliche Eigendynamik zu entwickeln und können mit öffentlicher Zustimmung rechnen. Das ist genau das, was so mancher Gender-Politiker, v. a. des linken Spektrums, erhofft hat[128]: Es tritt ein gesellschaftlicher Gesinnungswandel ein. Die exzessive Frauenförderung ist für diese Gender-Politiker allerdings nur ein erster Schritt in Richtung geschlechtlicher Vielfalt. Doch in dem Maße, in dem sich die Idee der Geschlechtergerechtigkeit in den Mentalitäten der Menschen verankert, werden diese Politiker immer mutiger, mehr Gender Mainstreaming zu fordern. In Allianz mit LGBT-Aktivisten gehen sie seit einigen Jahren vermehrt zu einer aktiven Umerziehung der Bevölkerung über, die weit über die bisherige Gleichstellungspolitik hinausgeht. Manchmal sind diese Gender Mainstreaming-Maßnahmen vor allem folkloristisch bis abstrus, wie die Schaffung geschlechtsneutraler Toiletten in Berlin, die das Bezirksparlament Friederichshain-Kreuzberg folgendermaßen begründete: „Existieren nur nach Männern und Frauen getrennte Toiletten, so benachteiligt dies Menschen, die sich entweder keinem dieser beiden Geschlechter zuordnen können oder wollen oder aber einem Geschlecht, das sichtbar nicht ihrem biologischen Geschlecht entspricht." Da fragte sogar BILD „Haben diese Politiker denn einen Sprung in der (Klo)-Schüssel?"[129] Der Großteil der Gender Mainstreaming-Erziehungsmaßnahmen ist jedoch alles andere als spaßig und konzentriert sich auf die Bildungseinrichtungen des Landes, denn wie der Philosoph Ortega y Gasset sagte: „Von dem, was man heute an den Universitäten denkt, hängt ab, was morgen auf den Plätzen und Straßen gelebt wird."

Die Anzahl der Lehrstühle für Gender Studies ist in den letzten Jahren explodiert. Es gibt inzwischen alleine in Deutschland über 100, Tendenz steigend. Ein Beispiel aus Frankreich zeigt, was dort an Obszönitäten und Absurditäten unter dem Deckmantel der Wissenschaftlichkeit gelehrt wird: Während der Queer-Week der Universität von Bordeaux 2013 hielt die Geographie-Professorin Rachele Borghi eine Vorlesung zum Thema ‚Die Beziehung zwischen Raum und Queer-Identities, das Performancekonzept, seine räumliche Umsetzung, die Praktiken der Gegensexualität und der sexuellen Dissidenz (besonders der Post-Porno-Bewegung)'. Im Laufe dieser ‚wissenschaftlichen' Vorlesung lud die Professorin u. a. dazu ein, „besondere Aufmerksamkeit dem Anus als Labor demokratischer Praktiken zu schenken." Zudem entkleidete sie sich im Rhythmus ihrer Ausführungen, sodass sie die Vorlesung splitterfasernackt beendete.[130] Dieses Beispiel beweist darüber hinaus, dass die Gender-Ideologie in all ihren Varianten inzwischen Eingang in die Curricula vieler anderer geistes- und sozialwissenschaftlicher Fächer gefunden hat. Die Leitlinien der Deutschen Forschungsgesellschaft (DFG) geben dies auch zu: Dort heißt es, man „betrachtet es als Selbstverständlichkeit, dass niemand wegen wissenschaftsfremder Fakten wie beispielsweise dem Geschlecht, der ethnischen Herkunft, dem Alter oder dem Gesundheitszustand von einer wissenschaftlichen Karriere ausgeschlossen werden darf." Weiter wird erklärt, dass „sich divers zusammengesetzte Arbeitsgruppen wegen der Vielfalt der Perspektiven, Erfahrungen und Fähigkeiten ihrer Mitglieder durch Kreativität und Innovation auszeichnen. Damit wirkt sich Gleichstellung positiv auf die Qualität der Forschung aus und bringt einen beträchtlichen Mehrwert."[131] Ein Blick in den Instrumentenkasten des DFG bestätigt, dass die Fördergelder besonders reichlich fließen, wenn die Gender-Perspektive im Vordergrund steht. Ein DFG finanziertes Modellprojekt der RWTH Aachen nennt sich beispielsweise ‚Gender-Medizin'. „Das Ziel der Arbeitsgruppe ist die Berücksichtigung der Kategorie 'Geschlecht' in Forschung, Klinik und Lehre an der medizinischen Fakultät der RWTH Aachen, um langfristig die Qualität im Gesundheitswesen zu erhöhen."[132]

Doch nicht nur in die Universitäten hat die Gender-Ideologie Einzug gehalten. Unter dem Vorwand Teenagerschwangerschaften, sexuellen Missbrauch und AIDS zu verhindern, wird der obligatorische Sexualkundeunterricht in den weiterführenden Schulen mehr und mehr zu einer Spielwiese der Gender-Aktivisten. Den Schülern werden nicht mehr wertneutral biologische Tatsachen vermittelt, sondern der inhaltliche Schwerpunkt der Sexualkunde ist heute das Einüben sexueller Praktiken. Immer häufiger begleiten außerschulische Lobbygruppen, wie ProFamilia oder SchlAU, diesen Unterricht. Sie folgen dabei vor allem ihrer eigenen Agenda und führen Jugendliche detailliert in die Praktiken sexueller Minderheiten ein. Maximaler Lustgewinn, die Reduzierung von Risiken sowie der Ausschluss unerwünschter Nebenwirkungen, die mit einer unverantwortlichen Lebensweise einhergehen, sind ihre inhaltlichen Schwerpunkte. Den Schülern wird in vulgärster Sprache propagiert, dass alles erlaubt ist, was Spaß macht, solange alle Beteiligten einverstanden sind, dass alle Praktiken und alle sexuellen Orientierungen gleichwertig sind, und vor allem werden sie dazu angehalten, alles selbst auszuprobieren. Das Überstülpen eines Kondoms über einen Plastikpenis ist da noch die unschuldigste Übung. In Rollenspielen werden Coming-Outs eingeübt, es wird darüber nachgedacht, wie man einen Puff eröffnen kann etc. Das Ziel eines solchen Unterrichts ist die Auflösung der Geschlechteridentität der Jugendlichen und die Förderung nicht-heterosexueller Lebensweisen. Begleitet wird das sexuelle Umerziehungsprogramm von anderen schulischen Gender Mainstreaming-Maßnahmen: Bei den Girls' Days soll das Interesse der Mädchen besonders an naturwissenschaftlich-technischen Tätigkeiten gefördert werden, während man die Jungen an den Boys' Days an Pflegeberufe u. a. bisher typisch weibliche Berufe heranführen möchte. Dies alles im Namen der Auflösung stereotyper Rollenbilder[133].

Seit Ende der 2000er Jahre macht die sexuelle Umerziehung selbst vor Kleinkindern und Kindern nicht mehr Halt. In Schweden, einem Land, das traditionell ‚progressiven' Ideen sehr aufgeschlossen gegenübersteht, eröffnete 2011 der erste ‚geschlechtsneutrale' Kindergarten mit dem schönen Namen ‚Egalia'. Alle Kinder werden dort mit einem geschlechtsneutralen Kunstwort angesprochen. Geschlechtertypische Farben und Spielsachen sind verbannt. Statt traditioneller Kinderbücher lesen die Kinder Geschichten schwuler Paare oder Alleinerziehender. Auf diese Weise sollen die Kinder von klein an auf ‚Geschlechtervielfalt' geeicht werden[134].

In Basel und Berlin wurden zeitgleich Sexkoffer für Kindergärten und Grundschulen gepackt.[135] Darin findet sich eindeutiges Lehrmaterial für 4- bis 10Jährige. Puppen, Puzzle und Bücher für die Kleinen, Filmmaterial zur Aufklärung, Holzpenisse sowie eine künstliche Vagina für die Großen. In den ‚Kinderbüchern' kommen bevorzugt schwule Paare mit Kindern vor, die Fortpflanzung wird in eindeutigen Bildern dargestellt. Schon Kindergartenkinder müssen lernen, die männlichen und weiblichen Körperteile zu unterscheiden und zu benennen, inklusive Geschlechtsorgane. Der wichtigste Aspekt des Sexualisierungsprogrammes ist jedoch die Lustvermittlung. Bereits Kindergartenkinder sollen „erkennen, dass Berührungen an Körperstellen lustvoll sein können." Die Kinder werden dazu angeleitet, sich gegenseitig zu massieren oder mit warmen Sandsäcken zu berühren. Vordergründig geht es darum, den Kindern eine positive Sexualität zu vermitteln und sie gegen sexuellen Missbrauch zu wappnen, indem sie lernen, „Nein zu sagen, wenn sie an einer Stelle nicht berührt werden wollen." Doch das eigentliche Ziel ist es, sie von klein an zum schrankenlosen Ausleben ihrer Sexualität anzuleiten. Durch Doktorspiele mit Partnern ihrer Wahl sollen die Kleinen ihre Sexualität ohne stereotype Geschlechterrollen erleben. Für solche Erziehungsempfehlungen zeichnet sich u. a. die Bundeszentrale für gesundheitliche Aufklärung (BzfGA) verantwortlich.[136]

Die bisher umfassendsten Umerziehungspläne hat die grün-rote Landesregierung von Baden-Württemberg. Sie begnügt sich nicht mehr damit, die heranwachsende Generation gendergerecht zu indoktrinieren und Frauen bis zum Exzess zu fördern, sondern sie legte mit dem Aktionsplan „Für Akzeptanz & gleiche Rechte Baden-Württemberg" ein ehrgeiziges Projekt vor, das nichts weniger als die genderkonforme Umerziehung der gesamten Landesbevölkerung zum Ziel hat. Unter dem Stichwort „Sichtbarkeit" sollen alle Bewohner des Ländle von der Wiege bis zur Bahre mit LGBT-Themen dauerberieselt werden, um dem Stereotyp der „Zwangsheteronormativität" entgegenzuwirken. Berufsgruppen, die mit anderen Menschen in Kontakt kommen, wie Ärzte, Lehrer, Polizisten, etc. sollen gendersensibel aus- und weitergebildet werden. Damit es keine Abweichler von der offiziellen Regierungslinie gibt, will die Landesregierung extra Antidiskriminierungsstellen einrichten, wo beispielsweise Schüler Homo- und Transphobie in der Schule denunzieren können. Doch das ist nicht genug: Damit aus dem geschlechtsneutralen und diskriminationsfreien Wunderländle nur gute Neuigkeiten kommen, sollen die Medien generell unter Beobachtung gestellt werden. Eine weitere wichtige Maßnahme der grün-roten Regierung ist das ‚Durchgendern' des gesamten Verwaltungsapparates: Das obere Führungspersonal bekommt spezifische Schulungen, um Gender-Kompetenz zu erlangen, zur Frauenbeauftragten gesellt sich der/die/das Diversity-Beauftragte(r), LGBT-Quoten für Verwaltung und Staatsfunk sollen etabliert werden, die Sprache sämtlicher Verwaltungsdokumente wird auf gendergerechten Neusprech umgestellt, in offiziellen Dokumenten wird ein drittes Geschlecht zur Auswahl angeboten, für all diejenigen, die nicht wissen (wollen), ob sie Mann oder Frau sind. Sogar die Vergabe von Aufträgen der öffentlichen Hand soll nach gendergerechten Kriterien erfolgen. Universitäten, die immer noch die traditionelle Lehre vertreten, wird im Ländle zukünftig der Geldhahn einfach abgedreht. Auch Kirchen und Institutionen, die weiterhin diskriminieren, werden in Zukunft ohne staatliche Zuschüsse leben müssen. Insgesamt soll das Kirchenrecht, das es den beiden Kirchen bisher beispielsweise erlaubt, Angehörige einer bestimmten Konfession bei der Arbeitsplatzvergabe zu bevorzugen, dem allgemeinen Gleichbehandlungsgesetz untergeordnet werden.[137] So soll das gesamte Ländle im Gleichschritt einer regenbogenbunten Zukunft entgegengehen.

[119] eige.europa.eu

[120] Judith BUTLER, Körper von Gewicht. Die diskursiven Grenzen des Geschlechts, Berlin 1995, S. 21

[121] Judith BUTLER, Gender trouble, preface 1999, Auszug auf amazon.com, übersetzt von der Autorin

[122] Judith BUTLER, Das Unbehagen der Geschlechter, Frankfurt a. M. 1990, S. 209.

[123] http://www.egs.edu/faculty/judith-butler/articles/there-is-a-person-here-an-interview-with-judith-butler/

[124] http://www.lgbt-ep.eu/

[125] Laut Umfragen will ein Anteil von 30 bis 40 Prozent der nichtberufstätigen Mütter gar nicht arbeiten, sondern ganz für die Familie da sein, so sagt es auch der Fachkräfte-Fortschrittsbericht der Bundesregierung (mit Bedauern). Nur 20 bis 25 Prozent der in Teilzeit berufstätigen Mütter möchten demnach ihre Arbeitszeit erhöhen. Und in den ersten drei Lebensjahren ihres Kindes wollen je nach Umfrage mindestens 40 Prozent der Mütter überhaupt nicht in den Beruf zurückkehren. WELT, 10.05.2015 http://www.welt.de/print/wams/nrw/article140725192/Die-Mutter-vieler-Schlachten.html

[126] https://www.tagesschau.de/inland/frauenquote-bundestag-103.html

[127] Die genaue Menge der Goldreserven der Deutschen Bundesbank sind nicht bekannt... Es handelt sich auch nur um Reserven, nicht um eine Golddeckung der Währung.

[128] An dieser Stelle muss allerdings fairerweise darauf hingewiesen werden, dass einem Teil der Politiker die Erhöhung der Frauenerwerbsquote weniger aus ideologischen als aus ökonomischen Gründen am Herzen liegt: Durch die Frauen- und Genderpolitik, die eben diese Politiker seit Jahren aus Überzeugung oder aus intellektueller Angepasstheit befürworten, ohne ihre Konsequenzen sehen zu wollen, zeichnet sich in Deutschland eine demographische Katastrophe ab, die der Wirtschaftskraft des Landes nachhaltig schaden wird. Die nie geborenen Arbeitskräfte will die Politik jetzt durch Hausfrauen ersetzen, um den wirtschaftlichen Schaden abzumildern. Man bekämpft also die Folgen von Gender Mainstreaming durch noch mehr Gender Mainstreaming...

[129] BILD, 02.03.2013, http://www.bild.de/politik/inland/toilette/politiker-beschliessen-unisex-toilette-29339710.bild.html

[130] Eine Kopie des Originalvideos, das nach zahlreichen Kommentaren vom Netz genommen wurde, findet sich auf folgender Webpage: http://www.fdesouche.com/437521-la-queer-week-a-science-po-paris# Warnung : für unter 18jährige nicht geeignet
[131] dfg.de
[132] http://instrumentenkasten.dfg.de/recherchieren
[133] genderundschule.de
[134] http://www.courrierinternational.com/article/2012/03/01/l-egalite-des-sexes-des-le-plus-jeune-age
[135] http://www.cicero.de/berliner-republik/aufklaerung-zeiten-des-gender-mainstreaming/43249, http://www.blick.ch/news/schweiz/schon-4-jaehrige-sollen-sich-mit-lust-und-liebe-beschaeftigen-verdirbt-dieser-sex-koffer-unsere-kinder-id76220.html
[136] forum.sexualaufklärung.de
[137] https://demofueralle.files.wordpress.com/2014/11/mac39fnahmenkatalog.pdf

Andreas Unterberger
Die Männer: verunsichert, feige und perspektivenarm

Kein Zweifel, die Not vieler Arbeiter, Knechte und Mägde im 19. Jahrhundert war jammervoll. Kein Zweifel, es war eines liberalen Rechtsstaats unwürdig, dass der private und freiwillige Sexualverkehr zweier erwachsener Homosexueller jahrhundertelang als Delikt bestraft wurde. Kein Zweifel, die Kolonialherrschaft in vielen Ländern der Dritten Welt war für die beherrschten Völker vielfach entwürdigend. Kein Zweifel, die europäischen Frauen waren rechtlich zum Teil bis in die Nachkriegszeit ungerechtfertigt benachteiligt.

Bei all diesen Minder-(oder Mehr)heiten zeigt sich in der Geschichte der letzten hundert Jahre ein klares Muster: Ungerechtfertigte Diskriminierungen und Herrschaftsstrukturen wurden in dieser Zeit völlig abgebaut.

Es zeigt sich aber seither in all diesen Feldern auch ein zweites Muster: Gute, richtige, notwendige Vorgänge haben in einer Art Pendelbewegung auch zu weit überschießenden und problematischen Entwicklungen geführt. Dafür gibt es unzählige Beispiele.

Beispiel Wohlfahrtsstaat

So hat die anfangs funktionierende Verstaatlichung der sozialen Fürsorge für Arbeiter und Bauern, der Hilfe bei Krankheit und Alter – die vorher nur von der Kirche wahrgenommen worden war

– zu einer immer weiteren Ausdehnung, zu massiver Überbeanspruchung und zur Perspektive eines totalen Zusammenbruchs geführt. Gerade die sozialsten Staaten sind heute am schwersten verschuldet. Die Pensionssysteme vieler Staaten – nicht nur in Griechenland, sondern auch in Österreich[138] – stehen knapp vor dem Zusammenbruch. Der Wohlfahrtsstaat muss kollabieren, weil er bei vielen Menschen die Illusion hervorgerufen hat: Nicht nur für alle denkbaren Probleme, sondern auch für das persönliche Wohlbefinden und das eigene angenehme Leben sei die Gesellschaft, seien andere zuständig. Damit fällt immer öfter das Wissen um die Eigenverantwortung, das Bewusstsein um die Notwendigkeit eigener Anstrengungen, weg.

Der Wohlfahrtsstaat hat auch zur allerschlimmsten und nicht mehr reversiblen Katastrophe geführt: Die Nachkriegsgeneration hat – vor allem in großen Teilen der besser gebildeten Schichten – vor einem halben Jahrhundert beschlossen, künftig ohne eigene Kinder das schöne Leben in ungehemmten Zügen zu genießen. Damit leben fast alle europäischen Kulturen von einer sich rasch verflüchtigenden Substanz.

Beispiel Schwulenkultur

So ist die einstige Diskriminierung und Verfolgung von Homosexuellen heute in die mediale Dominanz einer Schwulenkultur[139] umgeschlagen, die normal veranlagten Menschen zunehmend schlechtes Gewissen ob ihrer Heterosexualität einzujagen versucht. So haben die Homosexuellen sich nicht nur ständige Selbstbejubelungsfestivals[140] verschafft, welche die Steuer- und ORF-Gebührenzahler zu finanzieren haben. Sie drängen auch auf immer mehr Kanälen an Kinder und Jugendliche heran, wo sie diesen dann Homosexualität als schöne und gleichwertige Option anzupreisen versuchen.

Sie haben sich viele finanzielle Benefizien erzwungen, obwohl es bei den Homosexuellen als weitaus bestverdienender Gesellschaftsgruppe eigentlich überhaupt keine Notwendigkeit einer Förderung gibt. So bekommen homosexuelle Partner heute beispielsweise, ohne je eine Einzahlung geleistet zu haben, „Witwen"-Renten auf Kosten der Allgemeinheit. Dabei liegt die einzige gesellschaftliche Berechtigung einer Witwenrente in der Alterssicherung jener Menschen, die wegen der Erziehung von Kindern zu wenig Beitragsjahre erworben haben. Auch beim Eintritt in Mietverhältnisse werden sie (zu Lasten der Wohnungseigentümer) gegenüber anderen, un-sexuell Zusammenlebenden bevorzugt.

Beispiel Kolonialismus-Schmäh

So besteht heute in etlichen Ländern der Dritten Welt die berechtigte Überzeugung, man müsse auch in der dritten Generation nach der Kolonialzeit nur laut genug „Neokolonialismus!" rufen, und schon öffnet sich der Geldhahn europäischer Gutmenschen. Das hat etwa die aus Afrika stammende Ökonomin Dambisa Moyo[141] brillant zusammengefasst und kritisiert.

Das ist vor allem deshalb so übel, weil dadurch in den bedachten Ländern kein Bewusstsein der Eigenverantwortung entsteht, weil dadurch viel zu wenig Energie in die – in Wahrheit allein entscheidenden – eigenen Anstrengungen fließt. In Reformen, in den Kampf gegen Korruption, in den Aufbau einer unabhängigen Justiz usw.. Vielerorts ist es deshalb heute um Infrastruktur, Verwaltung und Wirtschaft schlechter bestellt als am Ende der Kolonialzeit. Viele naive Menschen in Europa – vor allem im kirchlichen Bereich – glauben aber noch immer, dass Europa schuld am Zustand der Drittweltländer sei. Sie übersehen, welch schlimme Folgen diese

Haltung hat: Viele Regierungen der Dritten Welt sehen in der ewigen Schuld Europas eine bequeme Ausrede, die eigene Anstrengung erspart. Die sie von der Beschreitung des anfangs zwar mühsamen, aber heute schon sensationell erfolgreichen Wegs der südostasiatischen Völker abhält.

Von der notwendigen Frauenemanzipation zum Terror des Genderismus

Erstaunlich ähnlich ist die Entwicklung im Bereiche des Feminismus. Die Frauen-Emanzipation im 20. Jahrhundert war richtig, gut und notwendig; sie hat aber im Wesentlichen nur auf dem Boden des christlichen Kulturfundaments stattgefunden. Inzwischen jedoch hat der Feminismus zu massiv überschießenden, schlechten und verzerrenden Ergebnissen geführt. Er ist vom guten Prinzip der Gleichberechtigung in einen Genderismus mit totalitären Machtansprüchen einer kleinen Gruppe radikaler Frauen gekippt.

Obwohl bar jedes wissenschaftlich beweisbaren Fundaments hat der Genderismus wie eine neue Theologie eine Reihe von Universitäten erobert. Seine Akteurinnen profitieren dort von den vielen Geldern, die die Gesellschaft für Forschung und Wissenschaft ausgibt. Sie konnten dort viele Machtstrukturen der Linken kampflos übernehmen, die ja angesichts des Zusammenbruchs des Kommunismus die Hohlheit der marxistischen Ansätze entdecken mussten und orientierungslos wurden.

Dahinter stand eine geschickte Machtstrategie feministischer Professorinnen: Man bezog ähnlich wie einst die Marxisten die abgekapselte Welt einer völlig Empirie-freien Theorie, die zwar nicht beweisbar, aber damit auch nicht widerlegbar ist. Sie taten das genau zu dem Zeitpunkt, da sich die Gleichberechtigungs-Forderung der Emanzipation praktisch in ganz Europa und Amerika durchgesetzt hat – weshalb aber manchen Feministinnen die eigene Überflüssigkeit gedroht hat. Da flüchtete man sehr geschickt einfach auf eine andere, rein theoretische Plattform, eben in den nicht mehr mit der wirklichen Welt korrelierenden Genderismus.

Es gibt in Europa schon lange kein einziges Gesetz, keinen Kollektivvertrag mehr, der in irgendeiner Hinsicht eine rechtliche Schlechterbehandlung von Frauen vorsehen würde. So etwas gibt es jedoch massiv in islamischen Kulturen. Das aber wird erstaunlicherweise von den europäischen Genderisten und ihren linken Wasserträgern völlig ignoriert, obwohl schon mehr als 50 Millionen Moslems in Europa leben. Genderisten beklagen zwar intensiv das Los von Frauen in lateinamerikanischen Indianervölkern. Das der islamischen Frauen in Europa oder im Nahen(!) Osten wird hingegen in der abgekapselten Gender-Welt ignoriert. Die Genderisten verdrängen sogar die Tatsache, dass das absolute Ende des Genderismus zu jenem Zeitpunkt da sein wird, zu dem die Moslems zur Mehrheit geworden sind. Das aber dürfte auf Grund demographischer Fakten in einigen europäischen Ländern noch in diesem Jahrhundert passieren.

Von der Gleichberechtigung zur Bevorzugung

Aber nun zum eigentlichen Thema, Feminismus und Genderismus. In Europa und Amerika gibt es heute keinerlei Regelungen mehr, die Frauen diskriminieren. Es gibt aber inzwischen sehr viele Regelungen, die eine einseitige Bevorzugung von Frauen vorsehen. Dazu zählen etwa die vielen aufwendigen Frauenförderprogramme auf allen politischen Ebenen und in fast allen Kammern auf Kosten von zwangsverpflichteten Steuer- und Abgabenzahlern.

Ihnen stehen keine Männerförderungsprogramme gegenüber. Dabei gibt es beispielsweise im Bildungssystem eine wachsende Benachteiligung junger Männer – zumindest wenn man nach feministischer Art Ergebnisgleichheit als Verkörperung der Gerechtigkeit ansieht. Männer sind sowohl bei den Maturanten wie bei den Studenten inzwischen deutlich in der Minderzahl. Wenn jedoch objektive Tests – wie etwa bei der Aufnahme zum Medizinstudium – ein deutlich besseres Abschneiden der männlichen Kandidaten bringen, dann versuchen genderistische Rektorate sofort eine positive Diskriminierung von weiblichen Kandidaten anzuordnen (wie zeitweise an der Wiener MUW). Oder sie bemühen sich, so lange an den Aufnahmekriterien herumzubasteln, bis dann vielleicht doch wieder mehr Frauen zum Zug kommen.

Besonders schlimm und auch gesellschaftlich gefährlich ist die Tatsache, dass sich heute immer mehr junge Burschen vor allem rund um die für viele schwierigen Pubertätsjahre in eigene Welten zurückziehen. Dort fühlen sie sich halbwegs geschützt vor dem Genderismus, vor einem frauendominierten Schulwesen und vor dem in manchen pädagogischen Einrichtungen praktizierten Zwang, sich bisweilen Frauenkleider anzuziehen. Sie flüchten in typische Männersportarten und vor allem die Welten von Technik, Elektronik, Internet und Pornographie.

Gewiss: Die Erziehung von Burschen ist nicht einfach. Sie sind viel weniger sozial angepasst als die Mädchen, die dafür oft von den Lehrern mit besseren Noten belohnt werden. Sie wissen auch oft nicht, wohin mit ihren plötzlichen körperlichen Kräften. Und sie werden gleichzeitig in den Schulen von einer dort einkehrenden weiblich-schwulen Sexualerziehung verunsichert. Etwa der neue Sexualerziehungserlass der österreichischen Unterrichtsministerin

– die absurderweise gleichzeitig Frauenministerin ist (während es natürlich keinen Männerminister gibt) – stellt da eine Katastrophe[142] dar.

Geistiger Nährboden dieses Erlasses ist einerseits der immer wieder eindeutig erkennbare, wenn auch natürlich nie zugegebene Versuch der Schwulenaktivisten, möglichst jungen und knackigen Nachwuchs heranzuziehen. Andererseits basiert die Ideologie des Erlasses auf der skurrilen Theorie vom sozialen Geschlecht. Diese besagt – in totalem Widerspruch zu allen medizinischen und naturwissenschaftlichen Erkenntnissen –, dass das Geschlecht frei wählbar wäre; dass das biologische Geschlecht hingegen völlig egal sei.

Angesichts solcher wirrer Thesen fühlen sich junge, eigentlich Halt und Orientierung suchende Buben schwer verunsichert. Sie werden im Unterricht[143] von „Sexualpädagogen" nicht nur mit an Missbrauch grenzenden Sexspielen konfrontiert, sondern auch mit der freien Auswahl zu entscheiden, ob sie nun männlich, weiblich, schwul oder sonst irgendetwas sein wollen. Solche rein ideologischen und unwissenschaftlichen Gedanken an Kinder heranzubringen, ist vor allem im unsicheren und enorm prägungsfähigen Alter rund um die Pubertät schlicht ein Verbrechen. Dieses Verbrechen wird mit großer Wahrscheinlichkeit auch zu einer künftigen Zunahme von Missbrauchsfällen führen.

Die große Verunsicherung

Krampf und Verunsicherung prägen auch in späteren Lebensphasen immer mehr das Verhältnis zwischen den Geschlechtern. Ein weiteres „Verdienst" des Genderismus. Nicht nur die immer strengeren gesetzlichen wie betrieblichen Vorschriften darüber, was sie alles nicht dürfen, verunsichern die Männer. Dies tut auch ihr eigenes zunehmend schlechtgewissig aufgeladenes Bewusstsein angesichts all der ständig schärfer werdenden Vorschriften der Political Correctness. Diese sind in den USA noch weiter gediehen als etwa die österreichische Debatte um das Po-Grapschen. Selbst die Einladung zu einem Abendessen gilt dort schon als sexuelle Belästigung.

Bei Männern dominiert zunehmend des Gefühl: Es ist letztlich alles verboten, was als Annäherung an das andere Geschlecht interpretiert werden könnte. Gleichzeitig fühlen sich die Männer aber genetisch und durch eine jahrtausendalte kulturelle Prägung doch wieder irgendwie angehalten, gegenüber Frauen der offensivere Teil zu sein.

Das sehen und erwarten so auch viele Frauen – aber eben nicht alle. Vor allem nicht jene, deren ganze berufliche Existenz darauf aufbaut, Frauenbeauftragte zu sein. Viele der anderen Frauen haben hingegen durchaus nichts gegen Grenzüberschreitungen durch Männer – freilich nur wenn es der Richtige ist. Die Männer wissen freilich nicht, ob sie die „Richtigen" sind. Die schüchternen glauben, es nie zu sein, während sich die selbstbewussten immer für auserwählt halten.

Der erfundene Missbrauch

Dazu kommt noch Schlimmeres: Die Vorwürfe einer Grenzüberschreitung sind vielfach erfunden. Sei es aus der wilden Phantasie mancher psychisch labiler Frauen heraus, sei es aus Rache, weil man sich beruflich benachteiligt oder privat abgelehnt fühlt. Daher werden männliche Vorgesetzte seit einiger Zeit in vielen Schulungen darauf trainiert, ja nie mit einer Kollegin alleine in einem Raum zu sein – oder zumindest immer die Tür zum Vorraum weit offen zu lassen.

Absurdität am Rande: Während die Grenzen dessen immer enger werden, was bei der Annäherung an Frauen noch erlaubt ist, werden sie bei der Annäherung an andere Männer immer großzügiger.

Noch übler wirkt sich die Genderismus-Hysterie dann in späteren Phasen der heterosexuellen Beziehungen aus, also dann, wenn es zum Rosenkrieg kommt. Dabei sind die Männer nicht nur dadurch diskriminiert, dass nach Scheidungen in über 90 Prozent der Fälle die Frauen die Kinder „bekommen", auch wenn sich Väter bisweilen deutlich besser geeignet zur Erziehung fühlen.

Die totale Katastrophe ist aber, dass immer häufiger in solchen Auseinandersetzungen auch mit fingierten Behauptungen eines sexuellen Missbrauchs gearbeitet wird. Eines Missbrauchs an Kindern oder auch an der eigenen Ehefrau. Der genderistische Anlauf, im neuen Strafgesetz jeden Sexualverkehr – auch unter Ehepartnern – an ein ausdrückliches, wohl am besten schriftliches Einverständnis zu binden, ist zwar vorerst knapp gescheitert. Aber sehr wohl ist die „Vergewaltigung unter Eheleuten" seit einigen Jahren ein strafbares Delikt! Dieses hat sich in der Praxis als beste Waffe herausgestellt, wenn eine Frau den eigenen Ehemann loswerden wollte. Wer kann einen solchen Vorwurf schon widerlegen.

Nach Ansicht auch von weiblichen Scheidungsanwälten sind Vergewaltigungs- und Missbrauchs-Vorwürfe in 30 bis 50 Prozent der Fälle total fingiert. Und zwar zu rein taktischen Zwecken im Rosenkrieg. Es gibt Anwälte, die besonders häufig in Prozessen Missbrauchsvorwürfe gegen den Vater (oder gegen den nunmehrigen

Partner der Mutter) erheben. Es liegt nahe, dass sie das tun, weil es taktisch ihren Klienten im Rechtsstreit enorm hilft. Die betroffenen Männer hingegen werden dadurch nicht nur im Familienrechtsstreit benachteiligt; sie landen auch oft existenzvernichtend auf der Anklagebank eines Strafgerichts.

Zu diesen juristisch-taktischen Motivationen, Missbräuche zu behaupten, kommen auch die von Psychotherapeuten erfundenen: Diese werden ja von Frauen in Problemphasen besonders intensiv aufgesucht. Und manche Psychotherapeuten sind absolut darauf fixiert, jedes Problem in Freud'scher Tradition auf sexuelle Ursachen und Missbräuche zurückzuführen, besonders gern frühkindliche.

Abschaffung der Schuld-Scheidung

Dabei gäbe es gerade in diesem Bereich einige kluge gesetzliche Maßnahmen, die zu einer Entspannung führen würden. Abgesehen von einer Eliminierung der „Vergewaltigung in der Ehe" aus dem Strafrecht wäre vor allem die Abschaffung der Schuld-Scheidung sinnvoll. Dies würde vielen fingierten Vorwürfen die Motivation entziehen. Dazu müsste freilich auch die ja derzeit auf der Schuldfrage aufbauende Unterhalts-Regelung komplett neu gestaltet werden.

Denn jenseits von allem Genderismus ist de facto bei vielen Menschen noch immer ein uraltes Ehebild wirksam: die Ehe als Versorgung der Frau durch den Mann. Viele Frauen glauben noch immer, durch eine reiche Heirat anstrengungslos Anspruch auf lebenslangen Unterhalt zu erwerben. Deshalb wird auch im Fall der Scheidung gezielt versucht, dem Mann die Schuld anzuhängen. Denn nur das bringt ja auch nachher einen Unterhaltsanspruch. Vielfach werden sie auch durch die (mehrheitlich weiblichen) Richter unterstützt. Dieser Versorgungs-Anspruch setzt sich bei bestimmten Scheidungsformen sogar noch nach dem Tod des Ex-Mannes fort; er richtet sich dann sogar gegen die Allgemeinheit, die diesen Frauen Witwenpensionen zahlen muss, wenn davor ihr Ex-Mann zu Unterhaltszahlungen verpflichtet worden war. Diese Figur der Versorgungsehe ist zwar längst anachronistisch. Sie wird aber erstaunlicherweise sowohl von linken wie auch konservativ-katholischen Frauenaktivisten vehement verteidigt.

In Wahrheit sollte es bei kinderlosen Ehen keine Sekunde einen Unterhaltsanspruch geben. Beim Vorhandensein von Kindern sollte der Unterhaltsanspruch der Ehepartner (also meistens der Frau) von Alter und Zahl der Kinder, sowie von der Zahl der Jahre abhängig sein, die Mütter vor der Scheidung der Kinder wegen auf ihre berufliche Karriere verzichtet haben. Dieser Anspruch sollte hingegen unabhängig von der Schuld an der Scheidung sein.

Auch die Witwenpension ist ein reiner Anachronismus. Notwendig und gerecht wäre jedoch eine viel großzügigere Einberechnung von Kindererziehungszeiten in den eigenen Pensionsanspruch der Mütter. Etwa bei einem Kind sechs Jahre, bei mehreren Kindern bis zum 14. Geburtstag des jüngsten Kindes. In Österreich gibt es überhaupt erst seit den schwarz-blauen Jahren eine solche Pensions-Wirksamkeit von Kindererziehungs-Jahren, aber leider nur bis zum 4. Geburtstag des jüngsten Kindes.

Eine solche Neuregelung bei den Themen Schuld-Scheidung, Unterhalt und Witwenpension würde viele der hässlichen Vorwürfe bei Trennungen aus der Welt schaffen. Lediglich bei Obsorge-Streitigkeiten gäbe es sie wohl bisweilen weiterhin.

Genderismus gegen Familie und gegen Frauen

Eine solche Neuregelung würde auch das Selbstbewusstsein der Frauen stärken, die dann nicht mehr pensionsrechtlich vom Mann abhängig sind, sondern unverlierbare eigene Pensionsansprüche erworben hätten. Das müsste ja eigentlich ganz im Sinn einer echten Frauenbewegung sein – würde sie sich im Zeitalter des Genderismus noch um die Sorgen der von diesem Dilemma Pension-oder-Scheidung primär betroffenen Unterschichtfrauen kümmern. Aber an diesen ist der Genderismus längst völlig desinteressiert.

Er kämpft gegen die Familie, gegen die Männer, aber nicht für die Mehrzahl der Frauen. Er will den Frauen vielmehr deren verbreiteten und zweifellos biologisch wie kulturgeschichtlich determinierten Wunsch, Kinder zu bekommen und diese dann zu betreuen, austreiben. Er will sie stattdessen ständig in Arbeit bringen und zwingen. Ähnlich kämpfen die Genderisten ja auch erbittert gegen die neuerdings stark verbreitete Teilzeitbeschäftigung vieler Frauen. Obwohl diese Möglichkeit bei sämtlichen Umfragen von den teilzeitarbeitenden Frauen mit erdrückender Mehrheit freudig begrüßt wird. Teilzeitarbeit ist ja eine perfekte Möglichkeit, beruflichen Kontakt mit einem Familienleben zu verbinden.

Aber wer Familie hasst, hasst auch die Möglichkeit zur Teilzeitarbeit.

Genderismus kämpft für sich selbst

Der politische Genderismus kämpft nur für sich selbst. So wie die Nomenklatura im Kommunismus. Wie die Drittwelt-Diktatoren nach der afrikanischen Kolonialzeit. Er kämpft damit für eine winzig kleine Gruppe von – meist kinderlosen – Frauen, die wohlbezahlte Posten als Genderbeauftragte anstreben, als Aufsichtsräte, Nationalratsabgeordnete oder Universitätsprofessoren (letzteres am liebsten für Fächer ohne jeden wissenschaftlichen Charakter wie eben Genderologie). Diese wollen solche Posten freilich nicht auf Grund eines gleichberechtigten Leistungs-Wettbewerbs erreichen, sondern auf dem einfachsten Weg: unter dem privilegierenden Schutz von Frauenquoten. Und das ist das Gegenteil von gerecht. Denn gerecht ist ja nicht die Gleichheit eines Ergebnisses, sondern die Gleichheit der Chancen. Auch beim Fußball ist ja ein Unentschieden nur dann ein gerechtes Ergebnis, wenn beide Mannschaften gleich gut waren. Der Genderismus will aber nichts anderes, als dass alle Spiele und Wettkämpfe unentschieden enden. Denn wenn eine Mannschaft besser ist, wird das dann halt auf irgendwelche davor liegende „ungerechte" Faktoren zurückgeführt.

Es ist aber massiv ungerecht, ein gleiches Ergebnis, ein Unentschieden, zu erzwingen, wenn etwa in vielen beruflichen Bereichen – von der Politik über die Industrie bis zur Technik und Naturwissenschaft – das Interesse von Frauen deutlich geringer ist als das der Männer.

99 Prozent der Frauen haben an all dem absolut kein Interesse, wofür sich die selbsternannte Frauen-Elite engagiert. Dennoch beherrscht diese heute in unglaublich großem Ausmaß Politik und Medien.

Diese 99 Prozent hingegen wollen zwar durchaus selbstbewusst gleiche Chancen, sie akzeptieren nirgendwo eine Diskriminierung. Aber sie wollen selbst entscheiden, ob sie die Chancen auch realisieren. Sie wollen nicht gezwungen werden, sie nützen zu müssen. Sie wollen Absicherung im Alter. Sie wollen selbst über ihr Familienleben entscheiden – also auch frei sein, sich etliche Jahre ganz oder überwiegend Kindern zu widmen. Ebenso wollen sie frei sein, sich auch weiterhin überdurchschnittlich oft für jene Berufe zu entscheiden, die Frauen lieber und sympathischer sind.

Das sind vor allem Berufe mit starken sozialen Kontakten, selbst wenn die einkommensmäßig teilweise wenig attraktiv sind. Ingenieurinnen sind Frauen hingegen in größerer Zahl nur dort geworden, wo sie keine wirkliche Wahlfreiheit hatten, also im Kommunismus. Die von den Frauen besonders stark angestrebten Berufe reichen von der Friseurin über die Physiotherapeutin, Kindergärtnerin bis zu den Lehrberufen und zum Richteramt (wobei wir hier die Vermutung ausklammern wollen, dass etliche dieser Berufe vor allem deshalb so gern von Frauen angestrebt werden, weil sie – auch bei theoretischer Vollzeittätigkeit – sehr oft de facto Teilzeitbeschäftigungen sind).

Zunehmend erkennen die Mütter heute, wie sehr sie und ihre oft doppelte Belastung von einer kleinen Gruppe politmedialer Kampffrauen als Vorwand, als Geiseln genommen werden. Sie beklagen das, haben aber kaum Plattformen und im Familienstress kaum Energie, sich politisch zu artikulieren.

Die weibliche Leistungs-Elite

Es gibt aber auch eine kontinuierlich wachsende Leistungs-Elite unter den Frauen. Diese wagt es zunehmend, ihre Empörung über jene genderistischen Kampffrauen zu artikulieren. Die Karrierefrauen entdecken zunehmend, dass sie selbst deren Opfer sind. Sie kommen ja wegen der Genderismus-Frauen selbst immer öfter in den Geruch, ihre beruflichen Erfolge ja eh nur als „Quotenfrau" errungen zu haben. Und das ist das Letzte, was man will, wenn man den Erfolg der eigenen Leistung und Fähigkeit zu verdanken hat.

Es scheint fast so, dass sich am ehesten diese Frauen gegen die Kampffrauen durchsetzen können und nicht die 99 Prozent im normalen Alltag stehenden Frauen. Und schon gar nicht die Männer, die in Politik und Medien bei allen hier angeschnittenen Fragen nur verunsichert und feige reagieren. Die an diesen Diskussionen am liebsten gar nicht teilnehmen.

PS.: Am Rande: Es gibt noch einen Grund, der die Männer, vor allem die jüngeren, zusätzlich verunsichert. An diesem Grund sind aber nicht Genderismus und Soziales-Geschlecht-Ideologen schuld, sondern ein objektiver Faktor: In der modernen Arbeitswelt tritt ein Teil der bisherigen Basis männlicher Identität immer mehr in den Hintergrund, nämlich die Muskelstärke. Diese Veränderung der Berufswelt macht vor allem Unterschicht-Männern große Probleme (übrigens erst recht den massenweise nach Europa strömenden Migranten, von denen der allergrößte Teil außer Muskelstärke ja gar nichts anzubieten hat). Das wäre eigentlich ein zusätzlicher Grund, um Männern zu helfen. Freilich nicht durch genderistische „Männerbüros", in denen den Männern erst recht wieder nur Schuldbewusstsein eingejagt wird. Sondern durch den Mut der Politik, die Erkenntnis einmal auszusprechen, dass Männer heute vielfach benachteiligt sind.

[138] *Am besten ist das für Österreich in einem Standardwerk zusammengefasst, an dessen Aussagen sich seit Erscheinen nichts geändert hat (http://www.arbeit-recht-soziales.at/ wie-sicher-pensionen): Theodor Tomandl: „Wie sicher sind unsere Pensionen?" Braumüller 2011*

[139] *Eine der brillantesten gesellschaftspolitischen Analysen dazu hat Christian Zeitz verfasst: http://www.andreas-unterberger.at/2015/06/conchita-islam-und-die-homosexualisierung-der-gesellschaft/*

[140] *Ganz besonders in der Stadt Wien und im rotgrün geführten ORF durch Life Ball, Song-Contest-Exzesse oder regelmäßige Regenbogenparaden sowie zahllose kleiner Aktionen auf Steuergeld.*

[141] *Dead Aid: Why Aid is Not Working and How There is a Better Way For Africa. Allen Lane Publishers, London 2009, ISBN 978-1-84614-006-8.*

[142] *Die vielleicht beste wissenschaftliche Auseinandersetzung mit diesem Machwerk hat der Arzt und Psychiater Christian Spaemann geschrieben: http://www.andreas-unterberger.at/2015/04/der-grundsatzerlass-sexualerziehung-des-bildungs-und-frauenministeriums/?s=Spaemann*

[143] *Siehe besonders schlimm im rotgrün gewordenen Baden-Württemberg.*

Andreas Tögel
Die totale Verwirrung
Die Atomisierung der Gesellschaft reicht nicht

Kaum ein außerhalb universitärer Elfenbeintürme oder anderer geschützter Werkstätten tätiger Zeitgenosse hat eine einigermaßen fundierte Vorstellung vom Wesen und der Bedeutung der „EU-Querschnittspolitik" des „Gender Mainstreamings". Denn wer sein Geld auf der freien Wildbahn des Marktes zu verdienen genötigt ist, hat für derlei Unsinn schlicht und ergreifend weder Zeit noch Interesse. Für diejenigen unserer Zeitgenossen dagegen, die mit gegenleistungsfreien Bezügen rechnen können, wie etwa die steueralimentierten, im geisteswissenschaftlichen Bereich tätigen Damen und Herren, verhält es sich anders. Mangels nutzbringender Beschäftigung steht ihnen jede Menge Zeit zur Verfügung, um sich den seltsamsten Gedanken hinzugeben und diese als „Wissenschaft" auszugeben. Müßiggang, wir wissen es, ist eben aller Laster Anfang. Dementsprechend sehen die aus dieser Ecke stammenden Elaborate auch aus. Normale Menschen, die ihren Verstand dazu gebrauchen, um Sinnvolles zu tun, also zahlungskräftig nachgefragte Güter zu produzieren oder Dienstleistungen zu erbringen, können darüber in aller Regel nur den Kopf schütteln. Nur gänzlich ahnungslose oder hoffnungslos naive Menschen, die – allen Erfahrungen zum Trotz – immer noch ans Gute in den Reihen der politischen Eliten und an die intellektuelle Redlichkeit der akademischen Zunft glauben, meinen auch heute noch, die skurrile Kopfgeburt *„Gender Mainstreaming"* habe irgendetwas mit Frauenemanzipation und dem Kampf für die Gleichberechtigung der Geschlechter zu tun. Mit dieser Einschätzung liegen sie allerdings völlig daneben! Denn den Protagonisten der neomarxistischen Ideologie des „Gender Mainstreamings" – großteils, in Deutschland zu rund 90 Prozent, sind sie weiblichen Geschlechts, nicht wenige davon lesbisch – geht es nämlich um etwas anderes. Um etwas gänzlich anderes. Und in den Angehörigen der ebenso prinzipienlosen wie moralisch fragwürdigen Politikerkaste, mit der wir seit dem Ausbruch der Demokratie mit allgemeinem, geheimem und gleichem Wahlrecht geschlagen sind, finden sie kongeniale Partner auf dem Weg zur anvisierten Zertrümmerung der letzten Reste einer einst intakten, *bürgerlichen* Gesellschaft.

Der Genderismus, respektive seine Protagonisten, erheben einen normativen Anspruch. Anders als Naturwissenschaftler, die nach ergebnisoffenem Erkenntnisgewinn streben (sofern sie nicht die Erlangung staatlicher Fördermittel, die sich an ihre Bereitschaft bindet, sich für politische Ziele einspannen zu lassen), suchen „Genderwissenschaftler" nicht nach wissenschaftlich fundierten Tatsachen. Sie wollen vielmehr die Gesellschaft nach ihrem Gusto verändern – und stellen diese Ambition auch nicht einmal in Abrede. Auf ihrer Agenda steht die Bekehrung der Menschen, nicht der Wunsch, die Welt besser verstehen zu können. Wasserdicht abgesicherte Erkenntnisse der Naturwissenschaften werden von ihnen routinemäßig als „Biologismus" verrufen und als irrelevant abgetan. Im Großen und Ganzen produzieren die „Genderwissenschaften" zwar absolut evidenzfreie, dafür aber mit umso größerer Emphase vorgetragene Phantasien, nichts als Geschwätz. Die Naturwissenschaften liefern, im krassen Gegensatz zur Ideologie des Genderismus, beweisbare, evidenzbasierte und überprüfbare Erkenntnisse. Wenn also ausgerechnet die Genderasten über einen angeblichen „Biologismus" von Naturwissenschaftlern schwadronieren, diesen also auch den

Hautgout ideologischer Motive zu unterstellen trachten, so ist das geradezu hanebüchen.

Besonders bemerkenswert erscheint der selten angesprochene Umstand, dass all das von den „Genderwissenschaften" verursachte Getöse um die angeblich Dutzenden von „sozialen Geschlechtern" einer außerordentlich kleinen Minderheit gilt, da doch mehr als 95 Prozent der Menschen überhaupt kein Problem damit haben, sich einem der beiden tatsächlich existierenden Geschlechter zuzuordnen und heterosexuell orientiert sind. Da der größte Teil der übrigen fünf Prozent homo- oder bisexuell ist, verbleibt eine geradezu verschwindend kleine Zahl von Menschen, die sich tatsächlich nicht festlegen wollen oder können oder sich als „im falschen Körper geboren" wähnen. Viel Lärm also um (fast) nichts. Es ist keine geringe Leistung einer extrem kleinen, dafür aber umso lautstärkeren Minderheit, der gesamten Mehrheitsgesellschaft ihre Agenda erfolgreich zu oktroyieren und sie unausgesetzt vor sich herzutreiben.

Es geht um die Macht

Das Ziel der demokratisch gewählten Obertanen, wie auch die ihrer Zuträger von den wie Pilze aus dem Boden schießenden Genderlehrstühlen, ist es, die totale Kontrolle über alle Lebensbereiche – und zwar auch über die allerprivatesten - zu erlangen. Dieser Wunsch machthungriger Individuen ist weder neu noch originell. Die Symbiose zwischen entschlossenen und nicht selten brutalen, häufig aber nicht besonders klugen Politikern und moralfreien Intellektuellen, die als ihre Berater fungieren, ist nicht neu. Was einst dem barbarischen Stammesführer der Medizinmann war, ist dem rezenten Premierminister der von Steuergeldern lebende Intellektuelle, der beamtete Ökonom oder, in jüngerer Zeit leider vermehrt auch, der politikhörige Naturwissenschaftler.

Schon Renaissancefürsten und Herrscher zur Zeit des Absolutismus hielten sich ihre Hausphilosophen, die ihnen die notwendigen Handlungsrechtfertigungen und Machtapologien lieferten. Jetzt vertrauen eben demokratisch gewählte Führer auf ihnen ergebene Berater aus dem Kreis der Intelligentzija. Seit der im Großteil Europas recht spät erfolgten Überwindung der Monarchien und der Etablierung der unter der Bezeichnung Demokratie firmierenden Despotie der Wählermehrheit wird peinlich darauf geachtet, den Begriff „Macht" nach Möglichkeit nicht zu gebrauchen. Kaum ein aufrechter Demokrat wird je zugeben, nach Macht zu streben. Erfolgreiche Politiker verstehen sich vielmehr auf das erfolgreiche Zünden von Nebelkerzen. Es geht ihnen – vorgeblich – nicht um die Macht, sondern um die Demokratie – als ob es sich dabei um einen Wert per se und nicht um ein bloßes Verfahren zur Ermittlung der die Macht ausübenden Eliten handelte.[144] So wollte beispielsweise Willy Brandt einst *„mehr Demokratie wagen"* und Bruno Kreisky *„alle Lebensbereiche mit Demokratie durchfluten"*. Das klingt zwar viel harmloser als ein Bekenntnis dazu, Macht übernehmen und über die Bürger ausüben zu wollen, ist es aber nicht. Denn die nicht nur von diesen beiden in der Wolle gefärbten Linken apostrophierte „Demokratisierung" läuft letztlich darauf hinaus, alles Private, also jeden vom Bürger selbstbestimmten Raum, auszumerzen und/oder der Kontrolle und dem Willen des von den Gewählten angeführten Kollektivs zu unterwerfen.

Das ist den beiden Herren und allen anderen europiden Roten der 1970er, 80er und 90er-Jahre allerdings, sehr zum Verdruss ihrer nicht minder anmaßenden und machtgeilen Epigonen, die nun die

Parlamente bevölkern, nicht vollständig gelungen. Die Sozialisten von gestern hatten sich nämlich allzu sehr auf die materielle Gleichmacherei, auf progressive Steuersysteme, auf Arbeitszeit- und Lohndiktate konzentriert und es darüber verabsäumt, andere wichtige Aspekte des Lebens unter ihre Fuchtel zu zwingen. Um das Endziel der Errichtung eines am Ameisenstaat oder an der Termitenkolonie maßnehmenden, sozialistischen Gemeinwesens zu erreichen, in welchem dem Einzelnen keinerlei Wert mehr zukommt, sofern er sich nicht auf ein Werkzeug im Dienste des Kollektivs reduzieren lässt, bedarf es daher, das haben die Genossen am Ende des 20. Jahrhunderts endlich erkannt, einer kräftigen Ausweitung ihrer destruktiven Agenda. Der traditionelle Klassenkampf gegen die „Reichen" und das Streben nach einer Sozialisierung der in Privathand befindlichen „Produktionsmittel" wird nun vom permanenten Krieg gegen alles abgelöst, was die einst bürgerlich-liberale Gesellschaft im Innersten bis heute noch immer zusammenhält. „Gender-Mainstreaming" ist ein Mittel zu diesem Zweck.

„Wenn es dem Esel zu wohl ist, geht er aufs Eis tanzen."
Alte deutsche Volksweisheit

Es geht um nicht weniger als um einen Salto mortale, der die Menschheit zurück – weit hinter die Errungenschaften der Aufklärung – katapultieren soll. Es geht um ein von den Genderasten formuliertes, neues *Glaubensbekenntnis*, das an die Stelle vernunftbasierter Erkenntnis tritt; um nicht weniger als eine Revolte wider die Vernunft, die in einen Gegensatz zu von Linksideologen definierten „höheren Zielen" (z. B. „Solidarität" und „Antidiskriminierung") gesetzt und kurzerhand zur *Untugend* erklärt wird. Ein rezentes Beispiel bildet der Umgang mit der laufenden Völkerwanderung. Eine von der politischen Führung behauptete „höhere Moral" wird gegen geltende und aus gutem Grund erlassene Gesetze ausgespielt. Glaube gegen Vernunft. Die Vernunft bleibt, zugunsten einer dubiosen „Moral" und zudem auf fremder Leute Kosten, auf der Strecke. Es geht den Herrschenden faktisch um ein Zurück zur Stammesgesellschaft, in der mächtige Führer – also sie selbst – unumschränkt herrschen. Anders als früher dienen ihnen heute allerdings nicht mehr Schamanen oder Geisterbeschwörer im Bärenfell und mit Geierfedern am Hintern als Ideenlieferanten und Herrschaftsapologeten. An deren Stelle ist jetzt die Klasse jener selbsternannten Intellektuellen, Medienhuren und in Universitäten tätigen Sykophanten getreten, die sich im Dunstkreis der Macht behaglich eingerichtet haben und der Polit-Nomenklatura als willfährige Helfer dienen. Die Symbiose ist heute wie zu Attilas Zeiten perfekt. Der eine kann ohne die anderen nicht sein – und umgekehrt.

Divide et impera!

Die Etablierung und Ausübung totaler Herrschaft gelingt umso leichter, je stärker die Gesellschaft in ihre Bestandteile zerlegt und zersplittert ist und je besser es dem jeweiligen Regime gelingt, die einzelnen sozialen Gruppen gegeneinander auszuspielen: *„Teile und herrsche!"* Ein politischer Grundsatz, der Niccolò Machiavelli, dem Autor von „Il Principe", dem in der Renaissance entstandenen Handbuch des absolut moralbefreiten Machterwerbs und -erhalts, zugeschrieben wird. Jeder „gute" Politiker muss es gelesen haben, denn es erklärt, wie's gemacht wird. Mittlerweile hat sich Machiavellis Credo längst zur Grundlage jeder „erfolgreichen" Politik gemausert, auch jener der demokratisch gewählten Herrschaft. Niemals waren die „liberal-demokratischen" Gesellschaften des einst freien Westens, der unentwegten Wühlarbeit der Vertreter politischer Partikularinteressen sei Dank, stärker in sich zerfallen als heute.

Das erscheint auf den ersten Blick zwar paradox, gehört doch die Beschwörung des „gesellschaftlichen Zusammenhalts" und geographisch möglichst weiträumig gefasster „Solidarität" zum Standardrepertoire der politischen Klasse – insbesonere der linken Kräfte. Mit schöner Regelmäßigkeit wird Kritikern einer immer weiterreichenden Umverteilungspolitik, einer die Vertragsfreiheit immer stärker abschnürenden Antidiskriminierungspolitik und den Gegnern der Massenzuwanderung in die Sozialsysteme europäischer Wohlfahrtsstaaten von moralinsauren linken Spießern „mangelnde Solidarität" vorgeworfen. Doch bei der von den politischen Eliten, Intellektuellen und Medienschaffenden fortwährend beschworenen „Solidarität" handelt es sich in Wahrheit um etwas völlig anderes, nämlich um einen von oben oktroyierten Zwang zur Konformität. Niemand, der keinen gesteigerten Wert darauf legt, unter lautem Getöse öffentlich vorgeführt und in Acht und Bann getan zu werden, kann ihm entrinnen. Wer für die großzügig gewährten Wohltaten am Ende bezahlt, ist denen, die sie am lautesten fordern, einerlei, denn sie selbst sind es ja in gar keinem Fall. Schließlich bezahlen sie keine Steuern, sondern leben vielmehr davon. Je mehr die Welt auf dem Weg zum großräumig angerührten politischen Einheitsbrei voranschreitet, desto weniger wird den Produktiven zugestanden, die Früchte ihrer Arbeit selbst zu genießen. Da der zentral regierte Weltstaat unter der Führung einer weltfremden Bürokratenklasse immer näher rückt, ergeben sich für die Nonkonformisten eher düstere Perspektiven. Mit der Umsetzung der engagiert betriebenen „One-World-Order" werden für sie die letzten Rückzugsmöglichkeiten verschwinden. Wer von der immer begehrlicheren Obrigkeit in Ruhe gelassen werden will, wird am Ende genötigt sein, sich auf dem Mond oder auf dem Mars anzusiedeln.

Es kann nicht oft genug betont werden, dass sich Solidarität – z. B. mit unterprivilegierten Randgruppen der Gesellschaft – nicht erzwingen lässt. Solidarität ist nämlich, wie auch jede gute Tat, das Ergebnis einer freiwilligen Entscheidung, eines freien Entschlusses. „Gegenseitig füreinander einstehen" (so eine gängige Definition von Solidarität) können nur Menschen, denen verschiedene Handlungsoptionen zur Verfügung stehen und die eine freie Entscheidung zugunsten der Verbundenheit mit bestimmten ihrer Mitmenschen treffen. Gute Taten kann nur vollbringen, wer sich auch dagegen – also fürs Böse – entscheiden kann. Die freiwillige Verteilung aus dem eigenen Vermögen stammender milder Gaben an Notleidende hat folglich eine völlig andere Qualität als die vom Leviathan gewaltsam erzwungene „soziale" Umverteilung. Wer – etwa durch eine übergriffige Sozialgesetzgebung – zum Zwecke der materiellen Umverteilung vom Staat seines rechtmäßig erworbenen Eigentums beraubt wird, hat keine Handlungsalternative. Er muss per Ukas „Gutes tun" und sich „solidarisch" zeigen – und tut und ist es daher eben nicht.

Dienen oder Herrschen?

Der große altösterreichische Ökonom Ludwig Mises stellte schon in den 1920er-Jahren hellsichtig fest: *„Wer den Menschen nicht dienen will, der will sie beherrschen"*.[145] Das ist es, was die herrschenden Dressureliten – gleich ob Politiker oder Intellektuelle – treffsicher charakterisiert. Sie entscheiden sich gegen den Gebrauch wirtschaftlicher und für den Einsatz politischer Mittel.[146] Kaum ein bei Sinnen befindlicher Mensch würde auch nur einen Cent seines sauer verdienten Geldes dafür aufwenden, um *freiwillig* für ihre Hervorbringungen zu bezahlen. Weder fähig noch willens mittels ehrlicher, von Bürgern und Kunden nachgefragter Arbeit ihren Lebensunterhalt zu verdienen, verlegen die uneingeschränkt Staatsgläubigen sich daher aufs Überwachen, Kontrollieren und Herumkommandieren. Ihr Einkommen beziehen sie nicht aus wirtschaftlichen Mitteln, wie Produktion oder Handel, sondern aus politischen Mitteln – aus der Ausübung von Zwang und Gewalt. Groteskerweise dünken sie sich dabei auch noch intellektuell und moralisch überlegen. In Wahrheit sind sie aber nichts weiter als Drohnen – parasitär lebende, nutzlose Ballastexistenzen.

Ihr Ziel ist – wie schon das des absolutistisch regierenden Monarchen, der indes, im Gegensatz zur heute herrschenden Plebs, immerhin noch eine göttliche Macht über sich anerkannte und in seinem Denken und Handeln daher nicht völlig bindungslos war – die *totale Macht*. Nur die von der gegenwärtigen Nomenklatura zur Erreichung ihrer Ziele eingesetzten Mittel haben sich, im Vergleich zum Vormärz oder zur Hochzeit des Totalitarismus des 20. Jahrhunderts, massiv verändert. Die Methoden sind subtiler, technologisch um vieles fortschrittlicher und um einiges reichhaltiger geworden. Die vergleichsweise einfachen Herrschaftsinstrumente, die in „1984" zum Einsatz kommen, sind längst überholt. Von den heute verwendeten Überwachungs- und Herrschaftsmitteln hatte George Orwell naturgemäß noch keine Ahnung. Zumindest vorderhand greifen die demokratischen Machthaber indes noch nicht zur Anwendung physischer Gewalt, um Dissidenten mundtot zu machen und ihre Ziele zu verwirklichen. Wiewohl: die Formierung einer auf den Namen „Eurogendfor" hörenden „europäischen Gendarmerietruppe" – faktisch eine unter dem Kommando der Machtzentrale stehende, dem „Krisenmanagement" geweihte *Bürgerkriegsarmee* – lässt nichts Gutes hoffen. Künftig werden sich im Herrschaftsbereich Mordors lebende Dissidenten recht warm anziehen müssen.

Alles Private ist verdächtig!

Zweifellos hat die Welt seit 1848 dramatische Veränderungen erlebt. Eines hat sich seit den trüben Tagen, in denen Karl Marx seine zivilisationsfeindlichen Theorien zimmerte und zusammen mit seinem kongenialen Partner Friedrich Engels das „Kommunistische Manifest" verfasste, aber nicht geändert: Die aus Mann, Frau und Kindern bestehende Familie ist seither unausgesetzt das Ziel hasserfüllter Attacken aus der Ecke linker Gesellschaftsklempner und Konstruktivisten geblieben, denn der auf rigorose Gleichmacherei und Atomisierung der Gesellschaft zielende Klassenkämpfer kann nichts weniger gebrauchen als private Rückzugsbiotope, staatsfreie Zonen, in denen seine Kommissare nichts zu melden haben. Die traditionelle Familie bildet eine derartige, staatsherrschaftsfreie Zone. Sie ist daher ein von allen historischen Sozialisten bis herauf in die Gegenwart, keineswegs also nur von Marx, Engels & Genossen, als Feindbild erkanntes Widerstandsnest, das es rücksichtslos zu zerstören gilt. Besonders der Griff nach den Kindern – möglichst schon von der Krabbelstube an, um sie den Eltern gründlich entfremden zu können – ist eine der dazu eingesetzten Waffen der herrschenden Kollektivisten. Kindesverstaatlichung mittels rigoroser Zwangsbeschulung war nicht zufällig schon einer der Programmpunkte des kommunistischen Manifests.[147]

Der verbissene Kampf gegen *„tradierte, heteronormative Rollenbilder"* wird jetzt zum Vehikel des zum Genderismus mutierten Kulturmarxismus. Ergänzend zum von den Sozialisten in allen Parteien initiierten, totalen Krieg der sozialen Gruppen gegeneinander, richtet sich ihre nie erlahmende kriminelle Energie nun auf die Auflösung der Geschlechter. Schließlich werde ja eine Frau *„nicht als Frau geboren, sondern* [mutmaßlich durch unterdrückerische Machos,

Anm.] *zur Frau gemacht*", so die bizarre These einer der Ahnfrauen des Radikalfeminismus, Simone de Beauvoir. Schon zu ihrer Zeit erwies es sich offensichtlich als überaus erfolgreiche Strategie, sich zum wehrlosen Opfer eines angeblich übermächtigen Feindes zu erklären. Die politische Elite zögert aus naheliegenden Gründen auch keine Sekunde, um sich zum Beschützer der vermeintlichen Opfer aufzuschwingen. Erlangt sie dadurch doch einerseits ein Unterdrückungsinstrument gegen die angeblichen Aggressoren und schwingt sich andererseits zum Vormund der vorgeblich Schutzbedürftigen auf (die von ihrer Schutzbedürftigkeit oft genug gar nichts wissen oder wissen wollen). Opferschutz erweist sich immer wieder als hervorragendes Instrument zum Ausbau politischer Macht.[148]

Schluss mit eigenständigem Denken!

Die Gender-Ideologie, deren krause Thesen allesamt in krassem Widerspruch zu den Erkenntnissen der Naturwissenschaften stehen, erhebt einen totalitären Anspruch auf die Gestaltung der Gesellschaftspolitik. So wie schon der klassische Marxismus erklärt auch sie alle Erwiderungen seitens ihrer Kritiker für irrelevant, weil ihren Zielen nicht dienlich. Auf der Basis einer strikten Ablehnung des von Aristoteles formulierten „*Satzes von der Identität*" (A=A) lässt sich eben jeder noch so haarsträubende Unsinn widerspruchsfrei beweisen. Da der von den Aufklärern geforderte Gebrauch des Verstandes die notwendige Voraussetzung dafür schafft, die Wahrheit zu erkennen, ist es linken Ideologen nicht länger ungestört möglich, im Trüben zu fischen. Denn blanker Unsinn ist unter diesen Umständen als solcher für jedermann leicht erkennbar. Daher gehen sie dazu über, jeden Anspruch darauf zu bekämpfen, den eigenen Verstand zu gebrauchen – würde sich folglich doch Widerstand zu ihren unermesslichen Ratschlüssen formieren. Es gibt, so die über die

Deutungshoheit gebietende Nomenklatura, eben nur jene Wahrheit, die zu verkünden sie das Monopol beansprucht. Wer sich untersteht, davon abzuweichen, wird prompt als „Hetzer" denunziert, beschuldigt, ein „Hassprediger" oder noch Schlimmeres zu sein, und fällt der gesellschaftlichen Ächtung, nicht selten auch der wirtschaftlichen Vernichtung, anheim.

„Die Ideologie der Nationalsozialisten basierte auf falscher Biologie, der Kommunismus auf falscher Soziologie". (Françoise Thom, Professorin für moderne Geschichte an der Sorbonne)

Ergänzend zu diesem Zitat bleibt festzustellen: Der Genderismus bringt eine höchst ungesunde Mischung aus beidem zustande.

„Polylogismus" heißt das Zauberwort, mit dem linkstotalitäre Desperados bis in unsere Tage operieren: Für jedermann gilt demnach eine spezifisch eigene Wahrheit. Die im 20. Jahrhundert durch Bolschewiken und Nationalsozialisten gelieferten, abschreckenden Vorbilder haben den rezenten Genderbewegten keinerlei Erkenntnisgewinn verschafft. Vielmehr feiert der Wertrelativismus weiterhin fröhliche Urständ'. Nach der Philosophie des Polylogismus gibt es beispielsweise sowohl eine schwarze als auch eine weiße, eine christliche und eine islamische Ökonomie, die miteinander nichts zu tun haben. Außerdem existiere natürlich auch eine männliche Logik, die sich grundlegend von der weiblichen unterscheide. Für die einen sei demnach zum Beispiel 2+2=4, für andere dagegen gelte 2+2=5. Auf dieser Basis wird sichergestellt, dass ein Dialog zwischen den verschiedenen, einander verständnislos und unversöhnlich gegenüberstehenden Gruppen von Wissenden und Gläubigen unmöglich ist und auch bleibt. Wer aber mit seinem Gegenüber keine gemeinsame Diskussionsgrundlage findet, dem bleibt am Ende nur noch der

Griff zur Waffe. Wir werden dann wieder in der Steinzeit angelangt sein. Damit wird der von den Linken angestrebte „natürliche" Urzustand des Menschengeschlechts wiederhergestellt, als Mord und Totschlag und nicht Dialog und Vertrag den Umgang der Horden mit- und untereinander bestimmten. Ist das nicht Fortschritt in seiner edelsten Form?

Orwell treibt den damals wie heute aktuellen Polylogismus in seinen dystopischen Romanen auf die Spitze, wenn er etwa in „1984" „*Neusprech*" und „*Doppeldenk*" einführt. Bei dieser Art der bewusst herbeigeführten Begriffsverwirrung handelt es sich um das unverzichtbare philosophische Handwerkszeug des totalitären Herrschers in einer mystischen Welt: „*Krieg ist Frieden, Freiheit ist Sklaverei und Unwissenheit ist Stärke.*" Aristoteles ist damit widerlegt A≠A. Nichts ist, wie es scheint. Jeder bastelt sich seine eigene, ihm passend erscheinende Wahrheit. Eine Unterscheidung zwischen richtig und falsch aufgrund objektiver Kriterien ist daher nicht mehr zulässig, ja wird sogar unmöglich. Alles ist moralisch gleichwertig und daher gleich gut. Ob in einer Gesellschaft Kleinkriminelle verstümmelt werden oder nicht, macht keinen Unterschied. Ob es schwere Körperstrafen und/oder staatliche Umerziehungsprogramme für Systemkritiker gibt, ebenso wenig. Eine Wertung auf einer richtig-falsch-Achse wäre Ausfluss faschistoiden Denkens und ist daher verboten. Wer es dennoch wagt, wird als Kulturrassist, als unbelehrbarer Reaktionär oder gleich als Rechtsradikaler diffamiert. Die zerstörerische Wirkung dieses angewandten Wahnsinns, der auch in die öffentliche Zwangsbeschulung des Wohlfahrtsstaates Einzug gehalten hat, ist mit Blick auf die Kinderseelen ebenso wenig zu übersehen, wie ihr durchwegs destruktiver Einfluss auf die Entwicklung der westlichen Gesellschaften in toto.

Irrsinn kennt keine Grenzen, wenn er erst einmal akademisiert ist

Mehr als 50 „soziale Geschlechter" haben die das große Wort führenden Genderasten mittlerweile entdeckt. Täglich werden es mehr. Langsam wird es schwierig, den Überblick zu behalten - und das ist auch exakt der Zweck der Übung. Vox populi vox Dei. Ein althergebrachter Sinnspruch, der den Gipfel der Konfusion ausdrücken soll, lautet: *„Ich weiß nicht mehr, ob ich ein Mandl oder ein Weibl bin!"* Da ist was dran. Denn wer sich nicht einmal mehr über sein Geschlecht im Klaren ist, das sich – je nach, durch äußere Umstände bedingte, Gefühlslagen – noch dazu täglich ändern kann, findet sich allein wohl in überhaupt keiner Sache mehr zurecht. Er/sie bedarf daher immerfort einer helfenden Hand. Wer oder was böte sich dafür aber eher an als der allgegenwärtige Große Bruder, der ihn/sie leitet, führt und nährt? In einer atomisierten, bindungslosen Gesellschaft ohne intakte Familienstrukturen kann diese Rolle gar niemand anderem zufallen als dem Leviathan.

„Gender Mainstreaming", eine Art akademisierten, letztlich zur Autodestruktion führenden Irrsinns, treibt die Untertanen in die weit ausgebreiteten Arme des staatlichen Kollektivs – und zwar auf so effektive Weise, wie es weiland allenfalls das Terrorbombardement deutscher Städte durch die RAF zuwege brachte. An wen soll(te) oder könnte der existentiell Bedrängte und grundlegend Verwirrte sich denn auch um Beistand wenden, wenn nicht an den einzigen, zu dem er noch über intakte Bindungen verfügt – nämlich zum Staat? Die Zerstörung sämtlicher sozialer Bindungen, die kollektive Verwirrung der Untertanen und deren daraus resultierende Hilflosigkeit und Staatsgläubigkeit, bilden den Stoff, aus dem die Politbüros der Gegenwart ihre bleierne Herrschaft zimmern. „Gender Mainstreaming" hilft ihnen dabei.

Der Kampf für die Geschlechtergleichstellung – das war vorgestern. Jetzt geht es um nicht weniger als um die Errichtung des totalen Staates unter tatkräftiger Mithilfe einer winzig kleinen, völlig abgehobenen Minderheit von Elfenbeinturmbewohnern. Der von ihr ausgerufene, totale Krieg gegen jede Form von Tradition, ja sogar gegen die Biologie, trägt den Titel „Gender Mainstreaming". Dass längst auch (ehemals) bürgerliche Kräfte als nützliche Idioten extrem linker Ideologinnen fungieren, ist einer der besonders befremdlichen Aspekte dieses „Leitziels" der EU.

Clive Staples Lewis, einem irischen Schriftsteller und Literaturwissenschaftler, verdanken wir folgende Einsicht:

„Von allen Tyranneien dürfte jene Tyrannei, die zum Wohle ihrer Opfer ausgeübt wird, zu den schlimmsten zu zählen sein. Es dürfte besser sein, unter der Herrschaft einer Räuberbande als unter allmächtigen, moralischen, sich bei uns einmischenden Wichtigtuern zu leben. Die Grausamkeiten des Räuberhauptmanns dürften zeitweise erschlaffen, seine Habgier dürfte an einem bestimmten Punkt gesättigt sein; aber jene, die uns zu unserem eigenen Besten quälen, werden uns ohne Ende weiter quälen, weil sie das unter dem Beifall ihres eigenen Gewissens tun."

So ist es. Nichts verschafft dem Mächtigen mehr Handlungsspielraum, als seine vermeintlich lupenreine Moral. Es geht dabei, wie so oft, um das ewige Match zwischen Gesinnung und Verantwortung. Rechte Individualisten (Verantwortungsethiker) pochen auf eine Beurteilung der Ergebnisse menschlichen Handelns. Für linke Kollektivisten (Gesinnungsethiker) dagegen heiligt allein der Zweck jedes Mittel und die Ergebnisse ihres Handelns interessieren sie gewöhnlich nicht. Wo gehobelt wird fallen eben Späne, was soll's. Wäre es anders, würden Linke ergebnisorientiert handeln, wären sie, wie die russisch-amerikanische Philosophin und Erfolgsautorin Ayn Rand es in einem ihrer Spätwerke so treffend formuliert, längst entschiedene Befürworter einer kapitalistischen Marktwirtschaft, die wie kein anderes Gesellschaftssystem den Bedürfnissen der Menschen Rechnung trägt.[149]

Für die politischen Eliten und deren nach dem Motto „*Wes' Brot ich ess', des' Lied ich sing*" lebende Zuträger und Komplizen erweist sich die alle Lebensbereiche durchdringende Querschnittspolitik des „Gender Mainstreamings" als hervorragendes Vehikel zur Verwirklichung des von ihnen angestrebten, totalitären Gemeinwesens. Dafür, den Anfängen zu wehren, ist es längst zu spät. Es ist aber nie zu spät, den frechen Anmaßungen, der schon mit der Erfüllung ihrer Grundaufgaben, nämlich der Aufrechterhaltung der Sicherheit im Innern und nach Außen, und der Organisation einer unparteiischen Rechtsprechung weit überforderten Obertanen, entschlossen entgegenzutreten. „*Mannesmut vor Fürstenthronen*" tut not, wie Ernst Moritz Arndt es einst formulierte. Heute gilt das in besonderer Weise, da auf den Thronen längst allerlei Glücksritter und anderes nichtsnutziges Volk Platz genommen haben.

---

[144] *Hans-Hermann Hoppe „Demokratie, der Gott der keiner ist"*
[145] *Ludwig Mises „Bürokratie", S. 98*
[146] *Franz Oppenheimer: „The State", S. 24*
[147] *Kommunistisches Manifest: http://www.mlwerke.de/me/me05/me05_003.htm*
[148] *Paul Gottfried: „Multikulturalismus und die Politik der Schuld"*
[149] *Ayn Rand: „Zurück in die Steinzeit" S. 351*

Tomas Kubelik
Wie Gendern unsere Sprache verhunzt

„Der Mann" – so schrieb vor über 20 Jahren die Feministin Luise F. Pusch – „braucht dringend eine Abmagerungskur zur Therapie seines immer gefährlicher werdenden Größenwahns. Es wird ihm guttun, es im eigenen Gemüt zu erleben, wie es sich anfühlt, *mitgemeint* zu sein, sprachlich dem anderen Geschlecht zugezählt zu werden."

Seit damals ist viel geschehen: Sprachleitfäden zum Schutz der Frauen wurden verfasst und an den Mann gebracht, Gender-Beauftragte richteten sich in bequemen Büros ein, das Binnen-I wurde „in", Gesetzestexte wurden umgeschrieben, Schulbücher der feministischen Sprachreinigung unterzogen. Die Gehirnwäsche nahm ihren Lauf. Nun scheinen die therapeutischen Maßnahmen, die den Mann endlich zähmen sollen, in die entscheidende Phase zu treten. Mitte April 2013 beschloss der Senat der Universität Leipzig, weibliche Bezeichnungen wie *Professorin*, *Dozentin* oder *Wissenschaftlerin* künftig auch für männliche Personen zu benützen. Dies geschah auf Vorschlag des Herrn Professorin Josef Käs. Wer hätte das gedacht: fast 1500 Jahre geschichtlicher Entwicklung der deutschen Sprache, deren Grammatikstrukturen in den Ursprüngen des Indogermanischen wurzeln, werden per Senatsbeschluss über den Haufen geworfen. Eine Institution, die der Wissenschaft dienen sollte, erhebt kurzerhand einen groben Grammatikfehler zur Norm, obwohl die Mehrheit der Deutschen es lächerlich und dumm findet. Mein Kompliment, Frau Pusch!

Gendern und Politik

Was derzeit geschieht, ist eine subtile Form politisch motivierter Umerziehung. Sprachvorschriften sollen die Köpfe der Menschen umpolen. Das Stichwort lautet: Sexualisierung. Bei jeder noch so alltäglichen Verrichtung, bei noch so ernsten und abstrakten Themen soll das Geschlecht der Beteiligten als Monstranz der politischen Korrektheit der Satzaussage vorangetragen werden. Der neudeutsche Terminus dazu heißt „Gendern". Ein Mustersatz aus der Berufsordnung der deutschen Ärztekammer zeigt, wie das funktioniert: „Ärztinnen und Ärzte achten das Recht ihrer Patientinnen und Patienten, die Ärztin oder den Arzt frei zu wählen oder zu wechseln. Andererseits sind […] auch Ärztinnen und Ärzte frei, eine Behandlung abzulehnen." Der Tribut an den von kämpferischen Feministinnen geformten Zeitgeist ist offenbar wichtiger als Lesbarkeit und Verständlichkeit.

Häufig wird das Argument ins Treffen geführt, Sprache sei eben einem ständigen Wandel unterworfen und es sei vollkommen natürlich, dass die gesellschaftlichen Veränderungen der vergangenen Jahrzehnte auch ihren Niederschlag in der Sprache finden. Das ist so richtig wie es trivial ist. Selbstverständlich gibt es keinen historischen Zeitpunkt, ab dem das Sprachsystem für alle Ewigkeiten Gültigkeit beanspruchen könnte. Ja, Sprachwandel findet statt. Doch beim Gendern geht es explizit nicht um einen natürlichen, evolutionär ablaufenden Sprachwandel, bei dem die Sprache sich an neue Realitäten anpasst und neue Ausdrücke und Redewendungen übernimmt, weil diese ein neues Ausdrucksbedürfnis befriedigen. Stattdessen wird versucht, durch von oben verordnete Sprachvorschriften eine bestimmte Weltanschauung zu transportieren. Das aber ist ein völlig anderer Vorgang. Und vergessen wir nicht: Dort, wo der Staat aktive Sprachpolitik betreibt, ist die Freiheit des Denkens in Gefahr. „Denn es ist ein Unterschied, ob der Staat sich darum bemüht, Benachteiligungen mit gezielter Förderung zu beseitigen – oder ob er sich herausnimmt, neue Rollenbilder für die Menschen zu entwickeln und dabei schon Jugendliche in den Dienst eines sozialpädagogischen Projekts zu stellen, das auf einer zweifelhaften theoretischen Grundlage steht", wie es der Journalist René Pfister ausdrückt.

Gendern und Freiheit

Wie wenig Gendern einem breiten gesellschaftlichen Bedürfnis entspringt, sondern ein theoretisches Konstrukt darstellt, das durch langjährige politische Agitation so erfolgreich werden konnte, zeigt sich schon an der Tatsache, dass feministische Sprache – die letztlich immer bloß eine Schreibe bleibt – nur dort Verwendung findet, wo der Staat seine Finger im Spiel hat: in Behörden, an Schulen und Universitäten, teilweise in staatsnahen Medien. Überall anders – in der lebendigen, gesprochenen Sprache des Alltags, in der Literatur, in den meisten Medien, in der Werbung – wird nicht gegendert. Und das aus gutem Grund: es funktioniert nicht und die Menschen haben kein Verlangen danach. Entsprechend eindeutig sind die Ergebnisse diverser Studien zur Akzeptanz geschlechtssensibler Rede- und Schreibweisen. So kommt eine von der Universität Münster durchgeführte Untersuchung aus dem Jahr 2007 zu dem Schluss: „Bei beiden Geschlechtern ist die Tendenz eindeutig, auch in Zukunft im privaten Bereich nicht geschlechtergerecht zu formulieren. Mit 81,8% verneinen sogar mehr Probandinnen als Probanden (76,2 %) die Frage." Derselben Studie zufolge gaben 81,2 % aller befragten Frauen an, noch niemals unsicher darüber gewesen zu sein, ob auch sie als Frau angesprochen sind; und 82,4 % gestanden, sich noch nie durch Sprache diskriminiert gefühlt zu haben. Interessant ist auch ein anderer Befund: „Bei jüngeren Menschen ist die Akzeptanz einer geschlechtergerechten Sprache geringer als bei älteren Menschen." Ähnlich das Ergebnis einer Studie im Auftrag des österreichischen Spectra-Marktforschungsinstituts vom August 2014: „Klar zur Verwendung einer geschlechtergerechten Sprache bekennt sich also nur rund jeder zehnte Befragte." Und weiter: „Die Mehrheit der Frauen folgt der Forderung nach geschlechtergerechter Sprache nicht." Das entspricht durchaus der Alltagserfahrung; obwohl die Vorschläge der feministischen Sprachkritik rund 30 Jahre alt sind, ist Gendern bis heute ein Minderheitenprogramm geblieben. Doch der politische Druck nimmt zu.

Dass der *Professor* beides sein kann, ein Mann oder eine Frau, die *Professorin* aber immer nur eine Frau, haben unsere Ahnen so entschieden. Aus dem lebendigen Dialog von Personen beiderlei Geschlechts erwuchs in Jahrhunderten ein Grammatik- und Sinngebäude, genannt Deutsche Sprache. Und kein Senatsbeschluss kann die grammatikalischen Gesetzmäßigkeiten außer Kraft setzen. Sprache ist und bleibt ein hochgradig demokratisches Gut. Daher besteht zwar Hoffnung, dass sich die Auswüchse des Genderns eines Tages von alleine legen. Bis dahin aber wird noch viel Porzellan zerbrechen: die Kommunikation wird unschärfer, die Sprache hässlicher, das Verstehen mühevoller.

Es ist daher unklug, die Genderei als unwichtige Lächerlichkeit abzutun. Wenn nicht gegenderte Arbeiten an Universitäten abgelehnt oder schlechter beurteilt werden, wenn Texte in Schulbüchern Grammatik- und Rechtschreibfehler enthalten, um angeblich geschlechtergerecht zu sein, wenn amtliche Schreiben und Gesetzestexte mühsam entziffert werden müssen, dann hat eine Ideologie längst die Mitte der Gesellschaft erreicht. Und jeder, der die deutsche Sprache verwendet, sollte klar Position beziehen. Denn Sprache ist mehr als ein billiges Kommunikationsmittel. Sie formt unser Bewusstsein, trägt unser Wissen und ermöglicht uns klare Gedanken. Sie lässt uns urteilen und verhilft uns, Gefühle auszudrücken. Sprache gibt uns Orientierung und stiftet unsere Identität. Sie bildet die Grundlage jeglicher menschlichen Gemeinschaft. Es ist keineswegs egal, wie wir mit ihr umgehen.

Gendern und die Frauenbewegung

Weltanschaulicher Ausgangspunkt der Sprachkritik ist die ostentativ behauptete Benachteiligung der Frau in unserer Gesellschaft. Abgesehen davon, dass es *die Frau* genauso wenig gibt wie *den Mann*: Frauen sind in unserer Gesellschaft gegenüber Männern rechtlich gleichgestellt, in einigen wenigen Bereichen, etwa im Sorgerecht, sogar bessergestellt. Nur führt Rechtsgleichheit nicht notwendigerweise zur Ergebnisgleichheit. Wer diese einfordert, verkennt einfach die Unterschiede zwischen den Menschen. Frauen und Männer unterscheiden sich viel zu stark in ihrem Denken und Fühlen, ihren Interessen und Lebensentwürfen, in ihren Begabungen und Schwächen. Deshalb wird es nie zu einer völligen Gleichheit kommen, was – nebenbei gesagt – eine ziemlich abschreckende Vorstellung wäre. Doch hat das alles mit Benachteiligung, mit Ausbeutung und Unterdrückung nichts zu tun. Schon gar nichts mit einer angeblich frauenfeindlichen Sprache.

Wer auf dieses Faktum hinweist, steht – vor allem als Mann – schon halb auf verlorenem Posten. Als ob es ein Sakrileg wäre, den allgegenwärtigen Opferstatus der Frauen in Frage zu stellen. Die Frauenrechtsbewegung des 19. und frühen 20. Jahrhunderts hat sich große Verdienste um die Emanzipation erworben. Der moderne Feminismus hingegen wirkt destruktiv. Er verschärft den Geschlechterkampf, der längst obsolet sein müsste. Doch seit die rechtliche Gleichstellung erreicht wurde, kämpfen Feministinnen um ihre Existenzberechtigung. Sie tun dies durch die Kultivierung der Opferrolle und maßen sich an, für die Mehrheit der Frauen zu sprechen, obwohl sie nur eine Minderheit repräsentieren. Sie wollen eine neue Gesellschaft und das heißt, einen neuen Menschen, Endziel und Merkmal jeder Ideologie. Wichtigstes Vehikel dabei ist eine neue Sprache. Daher wird die bisherige, in der Goethe, Kant, Freud und Kafka schrieben, kurzerhand für sexistisch erklärt. Doch eine Behauptung wird nicht dadurch wahr, dass sie ständig wiederholt wird.

Gendern und die Sprachwissenschaft

Den Forderungen der feministischen Sprachkritik liegt ein fundamentaler Irrtum zugrunde: die Gleichsetzung von Genus und Sexus. Mit pseudowissenschaftlicher Rhetorik wird behauptet, im Maskulinum stehende Ausdrücke, d.h. Wörter wie *Einwohner, Dieb, Kunde* oder *Student* würden ausschließlich Männer bezeichnen. Das ist weder vom linguistischen noch vom psychologischen Standpunkt aus haltbar, was schon daran erkennbar ist, dass es zwei biologische Geschlechter, im Deutschen aber drei Genera gibt. Genus ist eine grammatikalische, Sexus eine biologische Kategorie. Die *Wurst* zeichnet nichts Weibliches, den *Käse* nichts Männliches aus. Das gilt auch für Personenbezeichnungen, denn neben einem generischen Maskulinum (z.B. *der Mensch, der Gast*) existieren in der deutschen Sprache auch ein generisches Femininum (z.B. *die Geisel, die Person*) und ein generisches Neutrum (z.B. *das Kind, das Mitglied*). Bis heute konnte keine überzeugende Interpretation dafür gefunden werden, weswegen sich genau drei Genera entwickelt haben und ob bzw. welche Funktion sie erfüllen. Es gibt Sprachen mit nur zwei Genera (etwa die meisten romanischen), aber auch welche ohne Genussystem (z.B. Englisch oder Türkisch). Tatsache ist, dass in sehr vielen Fällen die Wortbildung über das Genus eines Wortes entscheidet. So stehen alle Wörter, die auf „–ling" enden, im Maskulinum, beispielsweise *Flüchtling, Liebling, Lehrling*. Dadurch ist aber nichts über das biologische Geschlecht der Personen ausgesagt. Auch bei den Diminutiva ist die Wortbildung dominant. Der Bruder, den wir *Brüderlein* nennen, ändert sein grammatisches, sicher aber nicht sein biologisches Geschlecht. Wie unlogisch die Sprache bei der Wahl des Genus ist, zeigt sich am Wort *Schiff*. Es steht zwar im Neutrum, verwandelt sich aber augenblicklich in ein Femininum, sobald es getauft wird: Wir sagen *die Titanic*.

Die Verwendung des so genannten generischen Maskulinums ist seit Jahrhunderten nachweisbar, das lässt sich in allen frühen Wörterbüchern nachschlagen. Es ist irritierend, dass eine wirkungsmächtige und überaus erfolgreiche Bewegung ernsthaft behaupten kann, dass einige Wörter in Wirklichkeit etwas ganz anderes bedeuten und daher anders verwendet werden müssen, als es der Tradition und dem Alltagsgebrauch entspricht. Feministinnen argumentieren, Frauen wollten in den maskulinen Formen eben nicht wie bislang bloß mitgemeint sein, sondern stets explizit erwähnt und dadurch „sichtbar" werden. Sie verkennen aber, dass beim so genannten generischen Maskulinum auch Männer „nur mitgemeint" sind. Denn aus sprachwissenschaftlicher Sicht sind Begriffe wie *Künstler, Bürger* oder *Lehrer* zunächst nichts anderes als Berufs- bzw. Funktionsbezeichnungen, sie sind nicht sexusmarkiert, umfassen also beide Geschlechter. Sie können sich aber je nach Situation auch explizit auf männliche Einzelpersonen beziehen. Auf der anderen Seite bezeichnen movierte Formen (meist gebildet mit der Endung „–in") ausnahmslos weibliche Personen: *Künstlerin, Bürgerin, Lehrerin.* Wer nach der Zahl der *Einwohnerinnen* einer Stadt oder der *Studentinnen* einer Universität fragt, meint eindeutig nur die weiblichen Mitglieder. Wer sich hingegen für die *Einwohner*zahl oder die *Studenten*zahl interessiert, wird niemals bloß die Männer zählen; wer fordert, *Diebe* sollten strenger bestraft werden, wird Frauen nicht ausnehmen; und kaum eine Frau, die sich auf einen *Kunden*parkplatz stellt, fühlt sich diskriminiert. Nie bestand in der Vergangenheit Zweifel darüber, dass maskuline Formen in all diesen Fällen Frauen mitmeinen. Will man hingegen die Männer sprachlich isolieren, muss man von *männlichen Einwohnern, männlichen Studenten* und *männlichen Kunden* sprechen.

Um zu erkennen, dass maskuline Formen mitnichten primär oder gar ausschließlich männliche Personen bezeichnen, ist ein etwas tieferer Blick vonnöten. Denn das Maskulinum verfügt in noch höherem Maße über die Fähigkeit, neutralisierend zu wirken, als es auf den ersten Blick scheint. Überall, wo es kein biologisches Geschlecht gibt oder es unbekannt ist oder das Bezugswort im Neutrum steht, greifen wir ganz korrekt und intuitiv zum Maskulinum. So müssen wir auch ein Frauenfußballteam als starken *Gegner* bezeichnen, obwohl das *Team* grammatikalisch sächlich und die betroffenen Personen weiblich sind. Ebenso sagen wir: „Das Kind ist ein Lügner", *Lügnerin* wäre irreführend; eine Neutrum-Form zu *Lügner* gibt es eben nicht, uns bleibt nur das Maskulinum. Im folgenden Satz würde die Kongruenz tatsächlich ein Femininum verlangen, dennoch sagen wir: „Die Schweiz war ein wunderbarer Gastgeber." Die weibliche Form *Gastgeberin* würde den Fokus zu sehr auf den Sexus lenken, was bei einem Staat sinnlos ist. Auch hier erweist sich das Maskulinum als die neutrale Form. Und wenn wir sagen, die USA seien der größte Umweltverschmutzer, dann sehen wir, dass das Maskulinum nicht nur das Kongruenzgebot bezüglich des Genus neutralisiert, sondern auch den Gegensatz Plural („USA") und Singular („der Umweltverschmutzer"). Weitere Beispiele: Wir danken „allen Sponsoren", ohne dass wir wissen müssen, ob damit Einzelpersonen, Firmen oder staatliche Institutionen gemeint sind. Der Satz „Der Wähler hat gesprochen" meint nicht eine Einzelperson, sondern die Gesamtheit der Personen, die gewählt haben, ein Abstraktum. Und bekanntlich wirbt die Polizei nicht mit dem Spruch „deine Freundin und Helferin". Während die movierte, d.h. weibliche Form wirklich Weiblichkeit ausdrückt, erweist sich die maskuline Form als neutral. Wir sehen: Grammatisches und natürliches Geschlecht sind zwei Paar Stiefel. Ihre Vermischung hat zum größten sprachlichen Unfug der letzten Jahrzehnte geführt.

Gendern und Stil

Werfen wir einen kurzen Blick auf verschiedene Formen des Genderns. Zwar fällt bei einem Vergleich diverser Leitfäden zu geschlechtergerechtem Formulieren auf, dass die Vorschläge teilweise widersprüchlich, jedenfalls keineswegs einheitlich sind, zwei Schreibweisen werden aber meistens empfohlen: das Binnen-I und die Doppelnennung. Bei näherer Betrachtung erweisen sich beide – so wie sämtliche anderen Vorschläge der feministischen Linguistik – als unbrauchbar. Der vielleicht bekannteste und am meisten missglückte Versuch, einschlägige Anliegen in der Sprache durchzusetzen, ist das umstrittene Binnen-I. Obwohl sein Gebrauch derzeit sogar rückläufig ist, obwohl es sich nicht einmal in der offen links ausgerichteten Presse durchgesetzt hat – die Berliner „taz" hat sich nach anfänglicher Begeisterung in den 80er Jahren fast komplett vom Binnen-I verabschiedet –, geistert es in den meisten Leitfäden als Empfehlung für gendergerechtes Schreiben nach wie vor herum.

Zunächst muss die nüchterne Tatsache ins Treffen geführt werden, dass die Verwendung von Großbuchstaben im Wortinnern einen Verstoß gegen die Orthographie darstellt. Der Duden hielt im Jahr 2011 unmissverständlich fest: „Die Verwendung des großen I im Wortinnern (Binnen-I) entspricht nicht den Rechtschreibregeln." Der Rat für deutsche Rechtschreibung widerspricht und schreibt auf seiner Homepage ausweichend, das Binnen-I habe „graphostilistischen Charakter" und unterliege, da es sich „im Bereich der Textgestaltung" bewege, daher nicht den amtlichen Rechtschreibregeln. Das ist mehr als irritierend. Der Entscheidung, ob eine Schreibung richtig oder falsch ist, ob amtliche Schreiben oder Schulbücher eine bestimmte Schreibweise verwenden dürfen oder nicht, kann man sich nicht dadurch entziehen, indem man behauptet, es habe mit Rechtschreibung nichts zu tun, an welcher Stelle ein Großbuchstabe steht oder nicht. Die Groß- und Kleinschreibung ist geradezu ein Herzstück der deutschen Rechtschreibung. Mit gleichem Recht könnte jemand auf die Idee kommen, jeden letzten Buchstaben eines Wortes groß zu schreiben – mit der Ausrede, das sei eben ein Ausdruck kreativer Textgestaltung. In der Werbung oder im privaten Schriftverkehr ist das natürlich alles möglich – das geht niemanden etwas an – ein amtliches Regelwerk muss aber klar Position beziehen.

Was spricht nun gegen das Binnen-I? Erstens, es ist unlesbar. Laut ausgesprochen wird es als Femininum verstanden und führt unweigerlich zu Missverständnissen. Zweitens, es ist nicht klar, was z.B. das Wort *LehrerInnen* bedeuten soll: „Lehrerinnen *und* Lehrer"? Oder etwa „Lehrerinnen *oder* Lehrer"? Oder einfach nur „Lehrpersonen"? Drittens: Wir sollten nur Wörter schreiben, die es auch gibt und die sich ins Grammatiksystem der Sprache einfügen lassen. Das Wort LehrerIn kann es nicht geben: Denn welchen Artikel sollte es haben? Und was sollte es bedeuten? Und wie sollte beispielsweise der Genitiv lauten? Die Ausdrücke *des Lehrers* und *der Lehrerin* lassen sich nicht zu einer sinnvollen Buchstabenfolge verschmelzen. Die Grammatik wird völlig auf den Kopf gestellt. Und schon einfachste Sätze funktionieren mit Binnen-I nicht, z.B.: „Bei einem Lehrer, der zu wenig verlangt, lernen die Schüler nicht viel." Viertens, das Binnen-I versagt bei etlichen Personenbezeichnungen, die in der femininen Form einen Umlaut aufweisen oder bei denen der letzte Buchstabe wegfällt: AnwaltIn, KochIn, BiologeIn, JudeIn. Fünftens, das Binnen-I wird von der erdrückenden Mehrheit der Bevölkerung – darunter von namhaften Feministinnen, wie z.B. Lisa Irmen, Marlis Hellinger und Ute Scheub – abgelehnt. Bereits im Jahr 1987 hat eine interministerielle Arbeitsgruppe der deutschen Bundesregierung die „Kunstform" Binnen-I als für die Vorschriftensprache ungeeignet eingestuft. In einem aktuellen Leitfaden zur deutschen Rechtschreibung hat die Schweizerische Bundeskanzlei in Absprache mit dem Präsidium der Staatsschreiberkonferenz Binnengroßschreibungen als nicht regulär klassifiziert und empfiehlt, deren Verwendung zu vermeiden. Dennoch: Es existieren staatlich approbierte Schulbücher, die sich mitunter durchgehend des Binnen-I bedienen, einer Schreibweise, welche gegen die Rechtschreibung verstößt, grammatikalischer Unfug ist, von namhaften Linguisten Kritik erntet und selbst von einschlägigen Leitfäden staatlicher Institutionen abgelehnt wird.

Im Vergleich zum Binnen-I ist die Doppelnennung von maskulinen und femininen Formen scheinbar unproblematisch. Doch auch sie stößt rasch an die Grenzen des Praktikablen. Und insbesondere in der gesprochenen Sprache ist es oft amüsant zu beobachten, wie selbst Personen, die in der Öffentlichkeit stehen und von der Notwendigkeit des Genderns überzeugt sind, es kaum länger als zwei, drei Sätze lang durchhalten, bei Personenbezeichnungen beide Genera zu verwenden. Sobald Sätze ein wenig komplexer werden, entpuppen sich konsequent gesplittete Texte als völlig unlesbar. Betrachten wir dazu exemplarisch §69, Abs. 3 des deutschen Grundgesetzes, der die Rolle der Stellvertreter des Bundeskanzlers regelt: „Auf Ersuchen des Bundespräsidenten ist der Bundeskanzler, auf Ersuchen des Bundeskanzlers oder des Bundespräsidenten ein Bundesminister verpflichtet, die Geschäfte bis zur Ernennung seines Nachfolgers weiterzuführen." Der Satz ist relativ kompliziert, aber dennoch klar und prägnant. Schriebe man diesen Paragraphen mit Hilfe der Doppelnennungen um, würde er folgendermaßen lauten: *Auf Ersuchen des Bundespräsidenten oder der Bundespräsidentin ist der Bundeskanzler oder die Bundeskanzlerin, auf Ersuchen des Bundeskanzlers oder der Bundeskanzlerin oder des Bundespräsidenten oder der Bundespräsidentin ein Bundesminister oder eine Bundesministerin verpflichtet, die Geschäfte bis zur Ernennung seines oder ihres Nachfolgers oder seiner oder ihrer Nachfolgerin weiterzuführen.* Sieht so die Zukunft unserer Rechtssprache aus?

Da die sprachlichen Hürden unüberwindbar sind, wenn man obige Vorschläge anzuwenden versucht, empfehlen viele Leitfäden als scheinbar elegante Alternative das so genannte „Geschlechtsneutrale Formulieren". Damit ist der Versuch angedeutet, Frauen sprachlich nicht zu diskriminieren, dabei aber trotzdem einen lesbaren Text zu verfassen. So werden Kollektiv- statt Funktionsbezeichnungen (*die Direktion* statt *der Direktor*), Ableitungen auf „-schaft" (*die Ärzteschaft* statt *die Ärzte*) oder Partizipien (*herausgegeben von* statt *Herausgeber*) präferiert. Dagegen ist grundsätzlich nichts einzuwenden; es kommt aber leicht zu stilistischen Problemen, und zwar dann, wenn solche Formulierungen die Sprache nicht bereichern, sondern zum Dogma erhoben werden und dadurch viele Feinheiten auf der

Strecke bleiben, eine Standardisierung in Ausdruck und Satzbau ist dann die Folge. Inwiefern aber durch die Neutralisierung der Formulierungen die stets proklamierte Sichtbarmachung von Frauen stattfinden soll, bleibt schleierhaft und scheint mir ein wesentlicher Widerspruch in den Empfehlungen zum gendergerechten Sprachgebrauch zu sein.

Wie auch immer: Sprache entspringt dem mündlichen Gebrauch, nicht dem Reißbrett feministischer Forschung. Wörter wie *KandidatInnen*, *Leser(innen)* oder *Kund/innen* sind und bleiben daher papierenes Phantasiedeutsch. Auch die permanente, ermüdende Aufzählung von *Schülerinnen und Schülern, Zuschauerinnen und Zuschauern, Politikerinnen und Politikern* ist um nichts besser. Denn sie führt zu unüberbrückbaren stilistischen und grammatikalischen Problemen, ist lächerlich und letztlich undurchführbar. Geschriebene Sprache hat sich an der gesprochenen zu orientieren. Das tun gegenderte Texte nie. Sie laufen den Grundregeln guten Stils zuwider und sind oftmals nicht einmal laut vorlesbar.

Gendern und Psycholinguistik

Auf einen wichtigen Punkt sei noch eingegangen: Gegen das generische Maskulinum und zugunsten einer geschlechtssensiblen Sprache werden immer wieder psycholinguistische Studien ins Treffen geführt, die angeblich beweisen, dass maskuline Formen in jedem Fall oder doch zumindest in unerwünscht hohem Maße spezifisch männlich verstanden werden, wir dabei also immer nur an Männer denken und die Frauen dadurch ausgeblendet werden. Ohne hier ins Detail gehen zu können, sei nur klargestellt: Die meisten dieser Studien erfüllen nicht einmal minimale wissenschaftliche Standards. Denn teilweise sind die Stichproben lächerlich klein oder nicht repräsentativ, da sie meist aus Studentengruppen bestehen; außerdem sind die Fragestellungen oftmals manipulativ, etwa dann, wenn durch die Aufforderung, einem im generischen Maskulinum geschriebenen Text konkrete Personennamen zuzuordnen, die Kategorie Sexus erst ins Bewusstsein des Lesers gehoben wird; schließlich wird mit fragwürdigen Begriffen wie „mentale" oder „kognitive Repräsentation" und „gedanklicher Einbezug" operiert, ohne dass diese eindeutig definiert wären. Abschließend sei darauf hingewiesen, dass die Studien teilweise widersprüchliche, teilweise völlig unklare, teilweise statistisch nicht belastbare Ergebnisse liefern.

Gendern und die Folgen

Ginge es beim Gendern nur um eine vorübergehende Modeströmung, könnte man die ganze Bewegung locker ignorieren. In Wirklichkeit jedoch maßt sich eine Minderheit an, darüber zu befinden, wie in Schulen, Medien, Politik und Wissenschaft gesprochen werden soll. Und die negativen Konsequenzen werden von den wenigsten bedacht.

Erstens: die Sprache wird ärmer. Wie viele schöne Redewendungen müssten – nähme man die so genannte Frauensprache ernst – auf der Strecke bleiben: Es dürfte keine *Sündenböcke* mehr geben und die Ratschläge *Übung macht den Meister* und *Der Klügere gibt nach* gäbe es auch nur mehr in verstaubten Märchen.

Zweitens muss klar sein: Wer das generische Maskulinum ablehnt, kann viele Sachen einfach nicht mehr ausdrücken. Die Sätze „Frauen sind die besseren Zuhörer" oder „Überraschenderweise war der Täter eine Frau" oder „Angela Merkel und Wladimir Putin zählen zu den mächtigsten Politikern Europas" oder „In einer Ehe sollten beide Partner gleichberechtigt sein" funktionieren nur, weil die maskulinen Formen geschlechtsübergreifend verstanden werden. Dasselbe gilt für zusammengesetzte und abgeleitete Wörter. Ausdrücke wie *Bürgermeister* oder *Schülerberater* können beim besten Willen auf keine sinnvolle Weise gegendert werden. Denn beide Teile des Wortes bestehen aus maskulinen Personenbezeichnungen. Auch in Ableitungen wie *Lehrerschaft* oder *Judentum* oder in Wörtern wie *freundlich* oder *verfeindet* steht das Grundwort im generischen Maskulinum, was aber meist gar nicht bemerkt wird. Vorschläge, solche Wörter zu gendern, werden zu Recht als grotesk angesehen.

Das Schlimmste an dieser Entwicklung ist drittens: Die Sprache wird sexualisiert. Sie wird der Möglichkeit beraubt, in allgemeinen, geschlechtsübergreifenden Begriffen zu sprechen. Dann ist zwar der *Wähler* ein Mann und die *Wählerin* eine Frau. Das geschlechtsneutrale Wort für eine Person, die wählen geht, d.h. der entsprechende Gattungsbegriff ist aber verschwunden. Die zentrale Frage sollte daher lauten: Kommt es bei einer Formulierung auf das Geschlecht der betroffenen Personen an oder nicht? Es ist nicht einzusehen, weshalb jeder Sachverhalt, der sich auf Menschen bezieht, auf die Geschlechterebene gehoben werden soll. In der Meldung „Achtung Autofahrer! Auf der A1 kommt Ihnen ein Geisterfahrer entgegen!" ist weder das Geschlecht der Autofahrer noch des Geisterfahrers relevant. Deshalb wäre eine Formulierung wie „Achtung Autofahrerinnen und Autofahrer! Auf der A1 kommt Ihnen eine Geisterfahrerin oder ein Geisterfahrer entgegen" nicht nur lächerlich lang; sie würde vor allem den Fokus in sinnloser Weise von der Sache, der Gefahr weg auf die Geschlechterebene lenken. Weswegen – so muss man fragen – soll uns die Trivialität ständig vor Augen geführt werden, dass es unter den Menschen Männer und Frauen gibt? In den meisten Situationen spielt doch das Geschlecht gar keine Rolle. Und das ist auch gut so und ist sicherlich auch das Ergebnis veränderter Geschlechterrollen. Dennoch soll dem biologischen Geschlecht beim Gendern ein Gewicht verliehen werden, das es gar nicht hat oder zumindest nicht haben sollte. Wer sich also für gendergerechte Sprache stark macht, tappt damit in eine böse Sexismus-Falle. Denn die Sexualisierung der Sprache, also die penetrante Betonung des Geschlechts, wo es irrelevant ist, führt zu einer subtilen Form der Diskriminierung, nach dem Motto: Seht her, Frauen gehören auch dazu! Außerdem wird durch die ständige Wiederholung weiblicher Formen auch dort, wo sie überflüssig sind, überhaupt erst die Idee geschaffen, mit Wörtern wie *Fußgänger, Nichtraucher, Skifahrer* oder *Teilnehmer* könnte etwas nicht stimmen. Es wird „im Kopf der Sprecher ein scheinlogischer Mechanismus in Gang gesetzt, der die nicht-markierte Form *Studenten* zu ‚männlichen Studenten' erst werden lässt", schreibt die Germanistin Martina Werner. Es besteht die Gefahr, dass es durch die feministischen Erfolge zu veränderten Hörgewohnheiten kommt und die geschlechtsübergreifende Bedeutung des generischen Maskulinums allmählich verloren geht. Da es aber praktisch völlig unmöglich ist, beide Formen ständig im Mund zu führen, könnte es eines Tages tatsächlich so weit kommen, dass Frauen in der Sprache weniger sichtbar werden.

Viertens führt exzessives Gendern zu veritablen Missverständnissen. Eine Meldung wie *Lehrer fordern mehr Durchgriffsrechte gegenüber verhaltensauffälligen Schülern* müsste nach feministischer Auffassung so verstanden werden, dass die Forderung nur von männlichen Lehrern erhoben wurde und sich nur auf Jungen bezieht. Über die Lehrerinnen und die Schülerinnen würde nicht nur nichts ausgesagt, ein solcher Satz würde vielmehr nahelegen, dass die weiblichen Lehrer keinen Bedarf an schärferen Erziehungsmaßnahmen sehen.

Fünftens: Schon jetzt kämpft ein besorgniserregender Anteil junger Menschen mit Problemen beim sinnerfassenden Lesen, dies bestätigen nicht nur diverse Vergleichsstudien wie PISA, sondern auch die tägliche Lebenserfahrung zahlreicher Lehrer an Schulen. Gegenderte Texte erschweren nun das Textverständnis vor allem beim Erlernen der Sprache oder beim Studium anspruchsvoller Lerninhalte erheblich. So gesehen benachteiligt Gendern nicht zuletzt Personen mit nicht-deutscher Muttersprache, was in keiner Relation zu einem angeblichen Gerechtigkeitsgewinn steht. Anfang des Jahres lief daher der Bundesverband der Elternvereine in Österreich völlig zu Recht Sturm gegen das ausufernde Umschreiben bewährter Schulbücher im Sinne vermeintlicher Geschlechtersensibilität. Die Elternvertreter machten darauf aufmerksam, dass viele Formulierungen für junge Menschen absolut unzumutbar seien. Eine Arbeitsanweisung in einem österreichischen Schulbuch ist etwa folgendermaßen formuliert: „Eine/r ist Zuhörer/in, der /die andere ist Vorleser/in. Eine/r liest den Abschnitt vor, der/die Zuhörer/in fasst das Gehörte zusammen. Der/die Vorleser/in muss angeben, ob die Zusammenfassung richtig war."

Wir sehen: alle Ansätze einer geschlechtergerechten Sprache führen zu unüberbrückbaren Problemen. Was bleibt, ist Chaos und ein scheußliches Deutsch.

- Sätze wie „Nur 20 % aller Managerinnen sind Frauen" fallen heutzutage gar nicht mehr auf, obwohl sie blanker Unsinn sind.

- „Wer nach einem Kochrezept kochen will, weiß, dass er/sie darin vor der Anleitung die Zutatenliste findet", heißt es in einem österreichischen Schulbuch. Der Satz ist grammatikalisch schlicht falsch. Sollten nicht zumindest Schulbücher vorbildliches Deutsch enthalten?

- Am 6. November 2013 verabschiedete der Tiroler Landtag ein neues Kinder- und Jugendhilfegesetz. Darin werden ausschließlich weibliche Personenbezeichnungen verwendet. So wimmelt es von *Sozialarbeiterinnen, Erziehungswissenschafterinnen* und *Psychologinnen.* Ein Ausdruck allerdings blieb im Maskulinum: *Sexualstraftäter.* Da zeigt sich die hässliche Fratze der feministischen Bewegung.

- Bei der letzten ÖH-Wahl im Jahre 2011 lud die HochschülerInnenschaft zur *ElefantInnenrunde* – und bewies damit nicht nur sprachliche Ahnungslosigkeit, sondern auch Bildungslücken im Bereich Biologie, gibt es doch nur *Elefantenbullen* und *Elefantenkühe.*

- Die Firma „Kleider Bauer" warb kürzlich in einem Newsletter folgendermaßen um ihre jüngsten Kunden: „stell dir dein Lieblingsoutfit zusammen, zieh es an und lass dich von deiner/m Mama/Papa/Begleitung mit dem Handy oder der Kamera vor unserer Shootingstar-Fotowand fotografieren". So also sieht kultureller Fortschritt im 21. Jahrhundert aus.

- Eher Unterhaltungswert hat ein vergangenes Jahr von Lann Hornscheidt lancierter Vorschlag. Bei Hornscheidt handelt es sich um eine Person, die eine Professur für Gender Studies an der Humboldt-Universität Berlin innehat, die aber weder mit „Herr" noch mit „Frau" angesprochen werden möchte, da sie nach eigenen Angaben nicht willens oder nicht in der Lage ist, ihr Geschlecht zu erkennen oder anzunehmen und sprachlich entsprechend wiederzugeben. Daher die Bitte, diesen Menschen mit „Sehr geehrtx Profx!" anzureden.

Alle Umfragen zeigen: Weit über 80 % der Menschen, auch eine erdrückende Mehrheit der Frauen, lehnen die so genannte gendergerechte Sprache ab – insbesondere die unlesbaren Formen wie das Binnen-I oder Schrägstrichballungen. Wie ist es dennoch möglich, dass wir zunehmend mit hässlichen Sprachungetümen feministischer Provenienz traktiert werden? Wieso widerspricht niemand, wo doch die Konsequenzen für Logik, Verständlichkeit, Ästhetik und sprachlichen Reichtum offensichtlich verheerend sind? Es geht ja keineswegs darum, durch korrektes Argumentieren, durch intellektuelle Überzeugungsarbeit legitime Ansprüche zu erheben und die eine oder andere gesellschaftliche Veränderung herbeiführen zu wollen. Vielmehr soll richtiges Sprechen und Schreiben richtiges Denken zur Folge haben. Das ist die Methode jeder Ideologie. Im Grunde handelt es sich um einen ähnlichen Vorgang, wie ihn George Orwell in seinem berühmten Buch 1984 beschrieben hat. Eine künstlich geschaffene Sprache soll die Kommunikation der Menschen im Sinne der herrschenden Doktrin steuern, die richtigen Ideen, Assoziationen und Gefühle begünstigen und gewisse Gedanken unmöglich machen. Dass dadurch das Verständnis älterer Texte massiv erschwert wird, sei nur am Rande erwähnt. „Und das Schlimmste", schreibt die Journalistin Sabine Etzold, „kaum jemand nimmt diese Bedrohung wirklich ernst. Der Wahnsinn hat Methode. Längst hat sich dieses Virus in unseren Köpfen festgesetzt."

Fassen wir zusammen: Die Forderung, Texte zu gendern, und die damit zusammenhängenden Vorschläge sind mehr ideologisch als wissenschaftlich motiviert, sind unnötig, da sie auf zweifelhaften theoretischen Grundlagen beruhen, sind nicht zufriedenstellend praktikabel, finden kaum Akzeptanz in der Öffentlichkeit, führen zu einer verfehlten Sexualisierung der Sprache, erschweren das Leseverständnis und in weiterer Folge die Klarheit der Kommunikation und zerstören das Gefühl für guten Stil. Die vor Jahrzehnten an Universitäten betriebene, mittlerweile längst als Ideologie entlarvte Rassentheorie hat dem Ruf der Wissenschaft schweren Schaden zugefügt, da sie sich nicht der Wahrheitssuche, sondern politischen Zwecken unterwarf. Heute sind es Gender Studies und insbesondere die feministische Linguistik, die sich der Durchsetzung gesellschaftspolitischer Zwecke verschrieben haben und deswegen zu Recht von vielen Seiten scharf kritisiert werden. Denn das Ziel wissenschaftlicher Forschung sollte stets das vorurteilsfreie Streben nach Wahrheit sein. Die bedeutende Physikerin Lise Meitner schrieb dazu im Jahr 1951 an eine Freundin: „Als Naturwissenschaftler glaube ich an ‚Wahrheit', worunter ich verstehe, dass man Tatsachen akzeptiert und berücksichtigt, ohne sich von seinen Wünschen beeinflussen zu lassen. Das ist in meinen Augen gerade der große moralische Wert der naturwissenschaftlichen Ausbildung, dass wir lernen müssen, Ehrfurcht vor der Wahrheit zu haben, gleichgültig, ob sie mit unseren Wünschen und vorgefassten Meinungen übereinstimmt oder nicht." Welch wunderbarer Gedanke und welch klare Sprache! Völig korrekt bezeichnet sich Lise Meitner als „Naturwissenschaftler", die weibliche Form zu verwenden hatte sie nicht nur nicht nötig, sie besaß auch genügend sprachliche Sensibilität, um zu wissen, dass ihre Aussage dadurch abgeändert und erheblich geschwächt worden wäre.

Wäre es nicht an der Zeit, den Geschlechterkampf zu beenden, die deutsche Sprache nicht weiter zu verunstalten und etliche Genderbeauftragte einzusparen? Vielleicht bliebe dann genügend Energie, damit alle Professoren – männliche wie weibliche – sich ganz der Forschung und Lehre widmen können. Unserer Gesellschaft wäre damit wohl mehr gedient als durch eine Flut von Leitfäden zum geschlechtssensiblen Formulieren.

Literaturliste

Bär, Jochen: Frauen und Sprachsystem: lexikalische und grammatische Aspekte. – In: Adam, Eva und die Sprache. Beiträge zur Geschlechterforschung, Mannheim 2004, S. 148-175

Brühlmeier, Arthur: Sprachfeminismus in der Sackgasse. – In: Deutsche Sprachwelt, Ausgabe 36, Sommer 2009

Online im Internet:

http://www.bruehlmeier.info/sprachfeminismus.htm

Dietz, Walter: Augsburger Manifest zum Verhältnis von Geschlecht und Sprache, Universität Augsburg 1995

Online im Internet:

http://www.ev.theologie.uni-mainz.de/Dateien/AUGSBURG.pdf

Etzold, Sabine: Die Sprache wechselt ihr Geschlecht. – In: Die Zeit, 5.4.1996

Foth, Eberhard: Zur „geschlechtsneutralen" (oder: „geschlechtergerechten") Rechtssprache. – In: Juristische Rundschau 2007, S. 410–412

Güttler, Gerhard: Gattungsbegriff oder Geschlechtsangabe. – In: F.A.Z., 22.6.2005

Kalverkämper, Hartwig: Die Frauen und die Sprache. – In: Linguistische Berichte 62 (1979) (Wiederabdruck in: Sieburg, Heinz (Hg.): Sprache – Genus / Sexus. Frankfurt am Main 1997, S. 258-278)

Kalverkämper, Hartwig: QUO VADIS LINGUISTICA? Oder: Der feministische Mumpsismus in der Linguistik. – In: Linguistische Berichte 63 (1979), (Wiederabdruck in: Sieburg, Heinz (Hg.): Sprache – Genus / Sexus. Frankfurt am Main, 1997, S. 302-307)

Leiss, Elisabeth: Genus und Sexus. Kritische Anmerkungen zur Sexualisierung von Grammatik. In: Linguistische Berichte 152 (1994) (Wiederabdruck in: Sieburg, Heinz (Hg.): Sprache – Genus / Sexus. Frankfurt am Main, 1997, S. 322-345)

Lorenz, Dagmar: Die neue Frauensprache. Über die sprachliche Apartheid der Geschlechter – In: Muttersprache. Zeitschrift zur Pflege und Erforschung der deutschen Sprache, Heft 3, 1991, S. 272-277

Kubelik, Tomas: Genug gegendert! Eine Kritik der feministischen Sprache. Jena 2015

Zimmer, Dieter E.: Redens Arten. Über Trends und Tollheiten im neudeutschen Sprachgebrauch, Zürich 1986

Zimmer, Dieter E.: Die Sprache der PC . – In: Die Zeit, 23.2.1996

Online im Internet: www.d-e-zimmer.de/PDF/1996pcsprache.pdf

Kathrin Nachbaur
Nachwort:
Was gute Frauenpolitik ausmacht!

Bis zu meinem Einstieg in die Politik habe ich mich noch nie mit den Themen Gendering, Feminismus und Gleichstellungsbeauftragte beschäftigt. Es scheint mir fast, als sei das die neue Entdeckung des sich immer weiter expandieren wollenden Staates, der nun wieder einen blühenden Zweig entdeckt hat, in welchem ein gewaltiger Regelungsbedarf herrscht...ohne mich also intensiv mit diesen Themen auseinandergesetzt zu haben, erzähle ich gerne von meinen Beobachtungen - eben als Frau - in der Berufswelt.

Als ich mit 22 zu arbeiten begonnen habe, war mein erster Chef eine junge, hübsche Frau, die selbst noch etwas werden wollte. Das war nicht immer leicht für mich und ich bin mir sicher, dass viele Frauen so eine Situation kennen. Ich habe mir schon damals gedacht: „Eigentlich schade, zusammen könnten wir doppelt so stark sein."

Scheinbar liegt es gar nicht immer an den Männern, warum man als Frau nicht leicht weiterkommt, sondern auch an der mangelnden Unterstützung durch andere Frauen. Ich habe mir damals gerade deshalb vorgenommen, Frauen besonders zu unterstützen und zu motivieren.

Meine gute Ausbildung und vor allem meine Arbeitsleistung, gepaart mit einer gewissen Hartnäckigkeit, haben mir - trotz einer mir entgegengebrachten Grundskepsis in der männerdominierten

Autobranche - doch die Türen geöffnet. Ich habe immer fleißig gearbeitet und hatte manchmal den Eindruck, ich müsse doppelt so gut sein wie ein Mann, um die gewünschte Anerkennung zu bekommen. Mein Einsatz hat sich gelohnt. Ich habe in meinem Lebenslauf in der Privatwirtschaft einige schöne Erfolge zu verzeichnen.

Als ich mit 34 Jahren mit einer großen Portion Idealismus in der österreichischen Politik aktiv geworden bin, erlebte ich einige Überraschungen. So manch graumelierter Politiker sah in mir einfach die Sekretärin unseres Parteiobmannes und es dauerte einige Zeit, bis ich mir Respekt verschaffen konnte. Sekretärinnen, oder wie man heute eher sagt, Assistentinnen, und besonders deren Vorgesetzte, wissen in der Regel, dass ohne sie oft gar nichts geht. Doch in der Bemerkung des erwähnten graumelierten Mannes war kein anerkennender Tonfall in diesem Sinne zu finden, sondern er meinte das klarerweise abwertend. Während des Wahlkampfes bezeichnete mich ein führender Landespolitiker der SPÖ als Tussi, ich frage mich manchmal noch warum. Weil ich eine Frau bin? Weil ich in der Politik relativ jung bin? Weil ich gerne Nagellack trage? Oder einfach weil ich ein marktliberaler Mensch bin, der im Sozialismus das Grundübel sieht, warum es mit Österreich langsam aber sicher bergab geht und er kein inhaltliches Argument dagegen finden konnte oder wollte? Nachdem gerade die SPÖ eine Partei ist, die sich eine progressive Frauenpolitik auf die Fahnen heftet – was auch immer damit gemeint sein soll – tippe ich auf letzteres. In diesem Zusammenhang denke ich gerne an Margaret Thatcher die meinte, es sei eigentlich eine Ehre, persönlich attackiert zu werden, denn das heißt wohl, dass dem Gegenüber kein Gegenargument in der Sache mehr einfällt…

Jedenfalls war ich sehr erstaunt über diese persönliche Attacke und die „eh nur die Sekretärin"-Attitüde. Das war mir in zwölf Jahren in der Autobranche nicht passiert.

Ich komme aus einem sehr wettbewerbsorientierten beruflichen Umfeld. Qualität muss geliefert werden, und zwar Projekt für Projekt und Tag für Tag und das noch dazu jedes Jahr um 3 % billiger, sonst sucht sich der Kunde einen anderen Zulieferer. Man nennt das die Produktivitätspeitsche, und sie funktioniert. Durch den permanenten Preisdruck arbeitet man extrem effizient. Man muss sich ständig verbessern, um am Markt zu bestehen. So entstehen Innovationen und Fortschritt.

In so einem Umfeld bleibt in der Regel wenig Zeit für Attitüden oder gar Quotendiskussionen, sondern es ist einfach Leistung gefragt. Selbstverständlich darf in der Gesellschaft niemand auf der Strecke gelassen werden, der im Sinne der Produktivität nicht leisten kann, aber das ist nicht Thema dieses Aufsatzes.

Sehr wohl aber ist Gendering Thema dieses Aufsatzes. „Gender" ist definiert als Geschlecht, allerdings nicht das biologische Geschlecht, sondern das soziale. Ich wüsste nicht, wie ich das einem älteren Menschen erklären könnte, dass man sich heutzutage nicht mehr durch die Biologie als Mann oder Frau definiert, sondern dadurch, als was man sich eben fühlt…ich würde bestimmt auf völliges Unverständnis stoßen, aber das sei nur nebenbei bemerkt. Heutzutage weiß man, was damit gemeint sein soll. Gendering soll aber nicht im Sinne von l'art pour l'art betrieben werden, sondern die wesentliche Frage im Zusammenhang mit Frauenpolitik ist: Bringt Gendering uns Frauen einen Mehrwert?

Ich meine nein, denn Frauen werden dadurch weder entlastet noch gelingen sagenhafte Karriereschritte, wenn wir eine gegenderte (gibt's das Wort?) Hymne haben oder gegenderte Kinderlieder wie „Ein Weiblein steht im Walde" oder auch Lehrstühle zur Genderforschung.

Was uns sehr wohl etwas bringen würde, wären gute Jobangebote, Erleichterungen für Unternehmensgründungen und, wenn man Kinder hat, die finanzielle Wahlfreiheit, seine Kinder selbst großzuziehen oder sie in gute Betreuungsstätten zu geben. Im Allgemeinen braucht es Anreize für junge Leute – sowohl Burschen als auch Mädchen – zukunftsweisende Berufe in beispielsweise der Technik und in Naturwissenschaften zu erlernen. Und besonders wichtig ist es, Strukturen für Alleinerzieherinnen zu schaffen, da dieses Modell immer mehr zur Lebensrealität geworden ist.

Seit ich in der Politik tätig bin, kann ich mich nicht erinnern, dass diese Themen ausführlich in den Ausschüssen oder im Nationalrat diskutiert worden wären. Mit viel größerer Leidenschaft widmet man sich, mit Unterstützung so mancher Medien, dem Thema Gendering, dem Binnen-I und dem Text der österreichischen Nationalhymne.

Wenn ich also auf das vergangene Jahr zurückblicke, stelle ich fest, dass die wichtigsten Themen außen vor blieben, während man sich ausführlich völligen Nebenschauplätzen gewidmet hat. Gleichzeitig gab es immer wieder erstaunliche Ausritte gegen Frauen, die das ganze Gerede von einer sinnvollen Frauenpolitik als reines Geschwafel entlarvten.

Als ich mich vor einigen Wochen aus der Partei zurückgezogen habe, machte ich weitere erstaunliche Erfahrungen, wie man mit einer Frau umgeht: Nach unserem ersten Jahr, in welchem ich noch Klubchefin und Vizeparteiobmann war, stand unsere Partei je nach Umfrage ungefähr bei 3 %. Es gab innerhalb der Partei Meinungsverschiedenheiten über Führung und Struktur. Ich hatte gewisse Vorstellungen, die ich nicht durchsetzen konnte, was letztlich zu meinem Rückzug führte. Ich habe mich dafür entschieden, mich weiter als einfache Abgeordnete mit meiner wirtschaftsliberalen Überzeugung für die Steuerzahler und Sparer dieses Landes einzusetzen.

Mein Rückzug hatte leider einen viel größeren Wirbel verursacht, als ich mir das je vorstellen hätte können, weil jemand meine persönlichen Abschiedsworte an unseren Obmann veröffentlicht hat. Ich bekam unzählige Angebote „auszupacken", viele Medien hofften auf einen großen Skandal. Es ist aber nicht mein Stil, interne Angelegenheiten öffentlich zu diskutieren; das habe ich bis heute nicht gemacht und das werde ich auch in der Zukunft nicht tun. Mein Rückzug war für mich einfach die richtige Entscheidung zur richtigen Zeit.

Was mich sehr überrascht hat war, dass mir von einer von mir grundsätzlich sehr geschätzten Journalistin mangelnder Kampfgeist vorgeworfen wurde. Sie hatte vermutlich erwartet (was mir im Übrigen einige Journalisten und Politikberater geraten hatten), dass ich anstelle meines Rückzugs den Kampf nach vorne antrete und noch dazu die Karte der gemobbten Frau, damals noch dazu schwanger, ausspiele. Besagte Journalistin verfasste sogar einen Kommentar mit dem Titel „Und schon wieder eine Dame, die nichts fürs Feuer ist". Mit diesem Titel hatte sie aus ihrer Sicht nicht Unrecht. Ich bin tatsächlich keinen öffentlichkeitswirksamen Kampf angetreten. Ich bin aber nicht der Typ, der Konfrontationen gerne in der Öffentlichkeit austrägt, so wie die Feministinnen von vorgestern. Ich bin auch keine Kampfemanze, die stets laut brüllt und immer nur fordert. Ich gehöre zu den modernen Frauen, die den längst überholten Feminismus der Marke Alice Schwarzer hinter sich gelassen haben und setze auf Leistung, gute Ausbildung und Engagement. Und da ich andere Vorstellungen von der Führung der Partei hatte, habe ich mich für den Rückzug entschieden. Ohne Skandal, ohne böse Worte.

Es muss eine Selbstverständlichkeit sein, dass jede Frau die Freiheit hat, ihre eigene Wahl zu treffen. Es ist falsch verstandener Feminismus, sich von anderen Frauen vorschreiben zu lassen, wie man zu handeln hat. Hat der Feminismus jahrelang dafür gekämpft, sich endlich von den Vorschriften, der Dominanz, gar der Diktatur durch Männer zu lösen, um sich dann dem Diktat anderer Frauen zu unterwerfen? Der wahre Kampf muss Freiheit zum Ziel haben, Selbstbestimmung und Eigenverantwortung. Man kann jeder Frau zutrauen, dass sie weiß, was die richtige Entscheidung für sie selbst ist. Sie muss sich weder dem Diktat der Männer, noch dem anderer Frauen unterwerfen und sie braucht auch keinen regulierungswütigen Staat, der sich auf jeden Anlassfall stürzt, um endlich intervenieren und regeln zu können.

Natürlich ist mir in der Politik aufgefallen, dass nach wie vor Männerbünde und –bande die wahren Machthaber sind, die auf erfolgreiche Frauen regelmäßig allergisch reagieren. Und zwar in allen Parteien. Man denke auch an die Posse in der SPÖ um einen Sitz im Nationalrat. Die nach außen hin so fortschrittliche Partei hat entgegen ihrer eigenen Quotenregelung und der Forderungen der SPÖ

Frauen, einen altgedienten Gewerkschafter einer unbequemen Politikerin vorgezogen, als es darum ging das Mandat der verstorbenen Parlamentspräsidentin Prammer nachzubesetzen. Und es ist kein Zufall, dass es sich dabei um jene SPÖ-Landesorganisation handelte, deren Chef mich im Wahlkampf als Tussi bezeichnet hatte. In der SPÖ hat man offenbar ein besonderes Problem mit starken Frauen.

In diesem Zusammenhang stellte sich die Frage nach der Sinnhaftigkeit von Quoten. Ich war stets gegen Frauenquoten. Selbstbewusste Frauen sind in einer offenen Gesellschaft auf solche Instrumente nicht angewiesen und ich jedenfalls möchte nicht als Quotenfrau abgestempelt werden, wenn mir durch Einsatz und Leistung etwas gelungen ist. Keiner erfolgreichen Frau soll unterstellt werden, dass sie es aus eigener Kraft nicht geschafft hätte, was aber bei einer Quotenregelung vermutlich regelmäßig der Fall wäre. Doch die Erfahrungen in der österreichischen Politik im Laufe des letzten Jahres haben mir gezeigt, dass solche Regelungen im öffentlichen Bereich möglicherweise doch eine Zeitlang zweckmäßig sein könnten, zumindest bis die dominanten Männerzirkel der alten Schule einmal aufgebrochen sind. Für die Privatwirtschaft sind Quotenregelungen aber jedenfalls abzulehnen; das wäre ein massiver Eingriff in die Eigentumsrechte der Unternehmer.

Ich hatte das große Glück, Erfahrungen in einem anderen Land, sogar auf einem anderen Kontinent sammeln zu können, da ich zwölf Jahre in Kanada gelebt und gearbeitet habe. Mir scheint, in Nordamerika ist man in Sachen Chancengleichheit wesentlich weiter. Dort sind Powerfrauen in Führungspositionen keine exotischen Wesen; es zählen Leistung und Erfolg und nur das soll der Maßstab für die Karriere sein. Man denke an Sheryl Sandberg, Geschäftsführerin von Facebook oder Marissa Mayer, Vorstandschefin von

Yahoo. Sie sind die erfolgreichen Vertreterinnen eines neuen unverkrampften Feminismus; ihnen ist vor allem die Solidarität unter Frauen wichtig: „The more women help one another, the more we help ourselves. Acting like a coalition truly does produce results", schreibt Sheryl Sandberg. Madeleine Albright, ehemalige US-Außenministerin, meint: "There's a special place in hell for women who don't help other women."

Ich komme wieder auf mein Eingangsstatement zurück: Frauensolidarität ist wichtig. Deshalb habe ich stets, trotz aller weltanschaulicher Differenzen, den Weg, den Eva Glawischnig geht, bewundert. Sie zeigt, wie man Kinder, Karriere, Politik und Partnerschaft erfolgreich unter einen Hut bringen kann. Die oben beschriebene Journalistin hat mich enttäuscht, da sie in Männermanier auf mich eingeprügelt hat. Ich habe mich weder „demontieren lassen", noch muss ich „feministisch adäquat" reagieren. Feministinnen alter Schule wollen Frauen vorschreiben, wie sie zu leben, zu denken und zu reagieren haben. Das ist falsch. Frauen sollten ihr Leben genauso gestalten können, wie sie es für richtig halten. Das muss das Ziel von Frauenpolitik sein. Das Diktat der Männer soll nicht dem Diktat feministischer Frauen weichen. Die patriarchale Bevormundung wurde überwunden, darf aber nun nicht durch eine neue Bevormundung ersetzt werden. Frauen brauchen weder Vorschriften von Männern, wie sie sich als Frauen zu verhalten haben, noch von anderen Frauen und schon gar nicht von Steuerzahler-alimentierten Gender-Experten oder Gleichstellungsbeauftragten.

Mir missfällt auch diese staatliche Einteilung in Frauen als Opfer und Männer als Täter. Ich kenne viele Frauen, die keine Opfer sind, sondern Täter, denn Täter kommt von Tat. Frauen bekommen oft viel mehr auf die Reihe als Männer: Familie, Ausbildung, Beruf,

Haushalt. Daher sollten wir uns nicht in eine Opferrolle drängen lassen, sondern uns selbstbewusst für Chancengleichheit einsetzen. Alles was wir brauchen sind staatliche Rahmenbedingungen, die es uns ermöglichen, unseren Lebensweg selbst zu bestimmen. Wenn die Rahmenbedingungen passen, kann man uns Frauen viel mehr zutrauen.

Ansonsten brauchen wir vom Staat in Wirklichkeit dasselbe wie Männer: einen verlässlichen schlanken Rechtsstaat, mehr Freiheit, Selbstbestimmung und Eigenverantwortung, dafür weniger Steuerlast, Bürokratie und Regulierungswut. Auch Gleichstellungsbeauftragte, die jeden Geschlechterunterschied ausmerzen wollen, sind entbehrlich. Freuen wir uns über die Buntheit, Vielfalt und die bereichernden Unterschiede. Wie langweilig wäre eine Welt ohne geschlechtstypische Unterschiede! Es leben die Frauen und es leben die Männer!

Autoren

Mag. Christian Günther, geb. 1962, studierte Germanistik und Geschichte in Wien, arbeitet mit Unterbrechungen (Engagements in der Privatwirtschaft) seit 25 Jahren als innenpolitischer Berater und Redenschreiber für unterschiedliche Parteien und Politiker in Österreich.

Mag. Werner Reichel, geboren 1966, studierte Ethnologie, Publizistik- und Kommunikationswissenschaft in Wien; seit über 20 Jahren im Rundfunkbereich tätig, unter anderem als Programmchef für verschiedene österreichische Privatradiosender. Schreibt regelmäßig für liberale und konservative Zeitschriften und Blogs (Eigentümlich frei, Academia, orf-watch.at, ortneronline, andreas-unterberger.at etc.). Bücher: „Privatradio in Österreich – Eine schwere Geburt" (R. Fischer Verlag), „Die roten Meinungsmacher" (Deutscher Wissenschaftsverlag), „Die Feinde der Freiheit" (CreateSpace), „Das Phänomen Conchita Wurst" (Edition Aecht).

Birgit Kelle, geb. 1975, arbeitet als freie Journalistin und Buchautorin in Deutschland. Sie ist Kolumnistin des Debattenmagazins THE EUROPEAN und streitet in zahlreichen TV-Sendungen, sowie Print- und Onlinemedien für einen neuen Feminismus jenseits von Gender Mainstreaming und Quoten. 2013 erschien als Reaktion auf die Sexismus-Debatte in Deutschland ihr erstes Buch „Dann mach doch die Bluse zu", eine Feminismus-Kritik, 2015 ihr zweites Buch „Gendergaga" (beides Verlag Adeo), eine satirische Abrechnung mit dem grassierenden Gender-Wahnsinn. Kelle ist Vorsitzende des Vereins Frau 2000plus e.V. und Vorstandsmitglied des europäischen Dachverbandes New Women For Europe (NWFE). Sie ist verheiratet und Mutter von vier Kindern.

Prof. Dr. Wolfgang Leisenberg, geboren 1942 in Crinitz/Brandenburg, verheiratet, zwei (Adoptiv-) Kinder, Promotion zum Dr.-Ing. TU Berlin, Berufung an die FH Frankfurt und THM Gießen. Dekan und Direktor am Wissenschaftlichen Zentrum Dualer Hochschulstudien (ZDH), Gießen. Gründung einer Firma für thermische Verfahrenstechnik, Auszeichnung durch die IHK mit dem „Unternehmerpreis Innovativer Mittelstand" und dem Hessischen Innovationspreis, Vorsitzender des wiss. Beirats der FTH in Gießen, Mitglied im Leitungskreis des ProfessorenForums, dort Mitautor in: Pluralismus und Ethos 1999, Hochschulbildung im Aus? 1999, Wissenschaft contra Gott? 2007, Höllensturz und Hoffnung, 2013, Vortragstätigkeit und Publikationen in verschiedenen christlichen Medien und Gruppen sowie an Universitäten.

Bettina Röhl, geboren 1962, Hamburg, ist Publizistin. 2005 erschien ihre Trilogie zum Thema Gender in Cicero und bei Cicero online: „Die Gender-Mainstreaming-Strategie", „Der Sündenfall der Alice Schwarzer?" und „Die Sex-Mythen des Feminismus", die das Thema Gender erstmalig von der wissenschaftlichen Kritik in die Medien hob. Bettina Röhl wurde 2001 einer breiten Öffentlichkeit durch ihre Veröffentlichungen zu der Gewaltvergangenheit des damaligen grünen deutschen Außenministers Joschka Fischer und zu den pädophilen Selbstbezichtigungen des grünen Vorreiters Daniel Cohn-Bendit bekannt. 2006 erschien ihr viel beachtetes Buch „So macht Kommunismus Spaß" über die Geschichte der Linken in der frühen Bundesrepublik Deutschland. Bettina Röhl publizierte in fast allen deutschen Medien, so für Welt online, Spiegel, Spiegel TV, taz, BZ und viele andere. Seit vier Jahren schreibt Bettina Röhl ihre Kolumne „Bettina Röhl direkt", die bis Ende 2014 in der WirtschaftsWoche und seither bei „Tichys Einblick" erscheint.

Eva Michels, geb. 1976, Studium der Politikwissenschaften, Moderne Chinastudien, Geschichte auf M.A. in Trier und Taipei, Taiwan. Vormals selbstständig in der Marktforschung als Analystin, Moderatorin und Übersetzerin, verheiratet, drei Kinder.

Dr. Andreas Unterberger, 1949 in Wien geboren, Studium der Rechtswissenschaft, Volkswirtschaft und Politikwissenschaft. Chefredakteur der Tageszeitungen „Die Presse" (1995-2005) und der „Wiener Zeitung" (2005-2009). Seit 2009 unabhängiger Publizist und erfolgreicher Blogger (andreas-unterberger.at). Auszeichnungen: zweimal Staatspreis für journalistische Leistungen, Humanitätspreis des Roten Kreuzes, Silbernes Ehrenzeichen für Verdienste um die Republik, Ehrenkreuz I. Klasse für Wissenschaft und Kunst, Journalistenpreis des Juridisch-Politischen Lesevereins (2007), Leopold-Kunschak-Medienpreis (2009), Journalist des Jahres (2010). Bücher: „A wie Alternativ" (Herold) „Ein Stück Österreich" (Holzhausen), „Österreich – und jetzt?" (Molden),„Martin Bartenstein – Grenzgänger zweier Welten" (Steinbauer), „Schafft die Politik ab!" (Leykam).

Dr. Kathrin Nachbaur, 1979 in Graz geboren. Sie studierte auf der Karl-Franzens Universität Rechtswissenschaften, sowie Englisch und Französisch Dolmetsch. Nach erfolgreichem Studienabschluss der Rechtswissenschaften mit Fokus auf Europarecht, ging sie nach Toronto, Kanada und arbeitete bei Magna International Inc., zuletzt als Legal Director der Elektroautogruppe, und später als Vice President, Corporate Development der Stronach Group. Sie promovierte 2007 in Wirtschaftsrecht. Kathrin Nachbaur ist seit 2013 Abgeordnete zum Österreichischen Nationalrat.

Dr. Tomas Kubelik, 1976 in der Slowakei geboren, wuchs in Stuttgart auf und studierte Germanistik und Mathematik an der Universität Wien. 2005 promovierte er zum Dr. phil. Er ist als Gymnasiallehrer für Deutsch und Mathematik tätig. Buchveröffentlichung: „Genug gegendert!" (Projekte Verlag)

Ing. Andreas Tögel, geb. 1957, ist gelernter Maschinenbauer, nach langjähriger Tätigkeit im Management internationaler Unternehmen seit 2000 geschäftsführender Gesellschafter eines Betriebes im Bereich der Medizintechnik. Verheirateter Familienvater, wohnhaft in der Nähe von Wien. Tögel schreibt seit 1999 für eine konservative österreichische Wochenzeitung, sowie für einige Internetplattformen wie „Eigentümlich Frei", Andreas Unterbergers „Tagebuch" und Christian Ortners „Zentralorgan des Neoliberalismus".

Bücher: „Schluss mit Demokratie und Pöbelherrschaft" (2015), „Flüchtlingswelle und Völkerwanderung" (2016).

Impressum

GENDERISMUS
Der Masterplan für die geschlechtslose Gesellschaft
Christian Günther, Werner Reichel (Hg.)

© 2017 Verlag Frank&Frei
Team Stronach Akademie

Zweite, erweiterte Auflage Juni 2017

Buchgestaltung & Satz: DER Kapazunder.at
ISBN: 978-3-9504348-2-8

Titelfoto: © Ana Aguirre Perez | shutterstock.de

Gedruckt in Österreich